죄에서의 해방과 성결

노록수 지음

죄에서의 해방과 성결

■
초판 1쇄 인쇄 / 2009년 7월 10일
초판 1쇄 발행 / 2009년 7월 15일

■
지은이 / 노 록 수
펴낸이 / 김 수 관
펴낸곳 / 도서출판 영문
122-070 서울시 은평구 역촌동 10-82
☎ (02) 357-8585
FAX • (02) 382-4411
E-mail • kskym49@yahoo.co.kr

■
출판등록번호 / 제 03-01016호
출판등록일 / 1997. 7. 24

파본은 교환해 드립니다.
본 출판물은 저작권법으로 보호 받는
저작물이므로 출판사나 저자의 허락없이
무단 전재나 무단 복제를 할 수 없습니다.

정가 10,000원
ISBN 978-89-8487-259-2 03230
Printed in Korea

저자 연락처
이 메 일: lovelesotho@hanmail.net
한국 전화: 010-4920-1397
선교지 전화: 001-27-51-933-6128

죄에서의 해방과 성결

노록수 지음

추천사

　이번에 노록수 선교사님께서 『죄에서의 해방과 성결』이란 책을 출간하게 된 것을 진심으로 축하하고 환영하는 바입니다. 죄로부터의 해방과 성결 곧 구원과 성화는 기독교 신앙의 요체로서 우리 모두가 진지하게 고민해야 할 주제이기도 하지만 이에 대한 잘못된 가르침 또한 심각한 현실입니다. 특히 박옥수 이단의 '죄사함, 거듭남의 비밀' 이라는 주제의 대형집회가 대도시에서 개최되고 있고, 수많은 이들을 오도하고 있습니다. 저들에게만 있는 무슨 특별한 비밀스런 가르침이 있는 양 순전한 양떼들을 호도하고 거짓된 죄용서, 거짓된 해방을 가르치고 있습니다. 이런 때에 죄, 구원, 이신칭의, 믿음, 성결 등 기독교 신앙의 핵심 교리를 간명하게 해설한 이 책이 출간된 것은 한국교회를 위해 매우 다행한 일이라고 생각합니다.

　이 책은 몇 가지 점에서 주목할 만한 가치가 있다고 생각합니다. 첫째는 건실한 성경적 기초위에서 바른 교리를 가르치고 있다는 점입니다. 오늘 우리 시대는 기독교 신앙이나 교리체계에 대한 문서가 없어서 문제가 아니라, 너무 많아서 문제이고 더욱이 잘못된 가르침이 범람한다는 점입

━━━━━━━━━━━━━━━━━━━━━━━━━━━━━━━━━━━━━━추천사

니다. 이단들이 과거에는 은밀하게 활동했으나 이제는 공개적으로 활동하고 있고, 죄사함이나 구원 등 가장 기본적인 문제를 가지고 접근하지만 성경의 가르침을 오해하거나 곡해하고 있다는 점입니다. 이런 현실에서 이 책은 우리가 반드시 알아야 할 기본적인 가르침에 대해 성경적으로 바르게 해명하고 있습니다. 둘째, 이 책은 죄로부터 해방과 성결한 삶에 대해 해설하고 있지만 그 핵심과 사상을 간명하게 설명하고 있고, 무엇보다도 누구나 쉽게 알 수 있도록 평이하게 설명하고 있다는 점입니다. 그래서 학생에서부터 성인에 이르기까지 초신자에서부터 기신자에 이르기까지 누구나 부담없이 대할 수 있다는 점이 이 책의 장점입니다. 이 책은 이단들의 거짓된 죄사함 교리를 논박하고 바른 가르침을 간명하게 제시하고 있습니다. 셋째는 이 책은 구체적인 사례나 실례를 통해 설명하고 있다는 점입니다. 저자이신 노록수목사님은 청소년 사역자로 활동하면서 수많은 젊은이들을 그리스도에게 헌신하게 했던 분이며 또 선교사로 일하시면서 선교 현지에서 잊혀진 영혼을 가슴에 안고 저들의 구원과 성결한 삶을 위해 고투했던 실전적 경험을 이 책 속에 담고 있다는 점입니다. 그래서 이 책은 성경적인 가르침과 함께 여러 상담사례들로부터 얻는 구

추천사

체적인 사례를 가지고 우리에게 하나님의 구원하심과 구원받은 자의 성결한 삶의 문제를 취급하고 있습니다.

저자이신 노록수목사님은 서울대학교에서 독어교육을 전공하시고 고려신학대학원에서 신학을 공부하신 분으로 개혁주의 신앙과 신학적 체계 위에서 가르치고 설교하고 있다는 점에서 신뢰를 주고 있고, 또 이 책 속에는 성경의 가르침을 바르게 전하고 가르치려는 저자의 뜨거운 열정이 스며 있어 우리에게 감동을 더해 줍니다. 이 책이 독자들에게 바른 신앙과 신학에 대한 확신과, 죄로부터의 구원과 구원 이후의 성결한 삶의 길에 대한 바른 지침을 줄 것을 확신하며 이 책의 출간을 진심으로 기뻐하며 추천하는 바입니다.

2009년 6월 25일
영도의 푸른 바다를 바라보며...
고신대학 신학과 교수 **이상규**

추천사

　노록수 선교사는 저의 오랜 친구입니다. 벌써 25년이란 세월이 훌쩍 지나 갔군요.
　그와 함께 3년동안 부산 송도 앞바다 고려신학대학원 교정에서 공부하며 하나님 나라 확장을 위한 비전을 나누었던 것이 엊그제 같은데 말입니다. 그 3년 동안의 신대원 시절… 그 때까지 저는 조용하고 알려지지 않은 무명의 전도사였지만 친구 노록수는 달랐습니다. 청소년들과 젊은이 선교에 미쳐 신대원 공부는 별로 못하고 '푸른신앙' 이란 잡지를 만든다고 정신없는가 하면 청소년, 젊은이 집회에는 단골 강사로 불려다니곤 했습니다. 무릎선교회인지 뭔지 하는 선교단체를 만들어 하라는 공부는 안하고 기도운동 한다고 정신없이 뛰어다니던 불량한(?) 학생이었습니다. 지금이야 제가 더 바쁘지만… 그때는 노록수 혼자 바빴던 것 같습니다. 그 송도에서의 학창시절, 하루는 수업시간에 수업을 빼먹고 나와 몇몇 동기들을 도서관으로 부르더니 뜬금없이 롬7:17 말씀의 의미를 새롭게 깨달았다고 흥분하면서 죄와 자신을 '분리' 하는 것의 중요성에 대해서 한참을 떠들었습니다. 지금도 가끔 동기들을 만나 애기하다 보면 서울 두레교회 오세택목사같은 분은 그때 노록수목사가 강조했던 죄와 자신을 '분리' 시

추천사

키고 죄를 미워하며 죄와 대적해야한다는 롬7:17 말씀이 많은 도움이 되었다고 추억하곤 합니다.

신대원을 졸업하고 크고 전도유망한 교회에서 봉사할 줄 알았는데 부산과 대전에서 교인 한 명도 없이 개척을 한다고 사서 고생을 하더니 나중 교회가 어느정도 자라자 후임에게 물려주고 94년 인가 홀연히 아프리카로 떠나 버렸습니다. 노록수가 떠나니 하나님은 이 김문훈이를 엄청나게(?) 쓰시고 계십니다...

아무튼 저는 기쁨으로 노록수 목사의 이 책을 추천합니다. 그의 이러한 주제의 가르침은 하루아침에 갑자기 나온 단순한 설교집하고는 다릅니다. 그는 젊어서부터 끊임없이 경건한 삶을 열망하였고 자신과의 싸움을 포기하지 않은 하나님의 종입니다. 누구든지 이 책을 자세히 사모하는 마음으로 읽게 된다면 크나큰 영혼의 유익을 얻으리라 확신합니다.

오늘도 말씀들고 온 세상을 다니며...
김문훈 목사

저자 서문

말세 중에 말세를 당하여
마귀는 일곱 배 이상으로 역사하는데
하나님의 자녀 된 우리가 속수무책으로 세상에
방치되어서는 안되겠다.

성결한 삶에 대한 끊임없는 추구…
악을 미워하고 죄를 이기려는 치열하고 끈질긴 영적 전투…
그 가운데서 실패와 승리를 반복하며
진리로 무장해 가는 우리들…

승리의 길이 아무리 멀더라도
우리는 하나님의 자녀이기에
예수님 안에서 반드시 쟁취해야 하리라.

우리의 싸움은 혈과 육을 상대하는 것이 아니요
궁극적으로 하늘에 있는 악의 영들을 겨냥한다.

저자 서문

그러므로 하나님의 전신갑주를 취하는 길밖에 다른 도리가 없다.

이 책은 바로 그러한 부분을 다시 점검하는 전투교본의 하나다.

2009년 6월, 아카시아 향기나는 조국에서 세 번째 안식년을 보내며...

노록수 선교사

Contents

- 추천사/ 이상규 교수 ··· 4
- 추천사/ 김문훈 목사 ··· 7
- 저자서문 ··· 9

1 이 글을 쓰게 된 동기 ··· 13
2 갈등 ··· 17
3 오직 믿음 ··· 45
4 확신 ··· 66
5 육신(광야) ·· 144
6 성결의 첫걸음 — 「믿음과 생명」 ······························ 172
7 성결의 다음걸음 — 「전투」 ······································· 215
8 성결의 마지막 걸음 — 「십자가」 ······························ 225

1 이 글을 쓰게 된 동기

나에게는 예수를 믿어 오면서 고민이 있었는데 그것은 죄와의 갈등 문제였다.

남 못지않은 열심으로 중학교 시절부터 새벽기도를 다녔고 불신가정임에도 고1 때 목사가 되기로 하나님께 서원할 정도로 주 예수님께 푹 빠졌지만 그러면 그럴수록 남모르는 육신의 죄 문제로 괴로움은 더했던 것이다.

차라리 적당히 예수를 믿었더라면 갈등도 훨씬 적었을지 모른다. 지금도 적당히 믿는 사람들은 세속적으로 살면서 교회를 다녀도 별 갈등을 못 느끼기 때문이다.

그러나 나에게 있어서 예수님의 존재는 내 생명보다 귀하였고 그 분을 위해 사는 거룩한 삶만이 내 삶의 전부가 되었기에 적당히 믿을 수는 없었고 오히려 이 세상의 그 어떤 성도보다도 가장 하나님을 사랑하고자 하는 욕망만이 나의 마음과 생각을 온통 지배하였다.

이 글을 쓰게 된 동기

그러다 보니 나의 내적갈등이 얼마나 컸겠는가?
　내 마음의 원하는 바와 실제의 나의 삶의 현실사이에 벌어진 엄청난 모순과 괴리 때문에 얼마나 가슴을 쳤는지 모른다.

　　"내가 행하는 것을 내가 알지 못하노니
　　곧 원하는 선은 행하지 아니하고 도리어 미워하는 악을
　　행함이라...
　　내 속사람으로는 하나님의 법을 즐거워하되
　　내 지체속에서 한 다른 법이 내 마음의 법과 싸워
　　내 지체속에 있는 죄의 법 아래로 나를 사로 잡아 오는 것 을 보는도다.
　　오호라! 나는 곤고한 사람이로다.이 사망의 몸에서
　　누가 나를 건져내랴　　　　　　　　　(롬7:15-24)."

그와같은 바울의 탄식이 나의 탄식이 될 때가 많았다.
물론 가끔 설교말씀을 통해 위로받기도 했었다.
영적인 서적들을 몰두하여 읽으면서 약간의 빛을 얻을 때도 있었다.

　그러나 무엇이 무엇인지 좀더 확실하게 알고 싶을 때 안타깝게도 분명한 답을 알 수가 없었다. 책에 입이 있어서 도중에 내가 자세히 질문하면

―――――――――――――――――――――― 이 글을 쓰게 된 동기

대답해 주면 좋으련만 그럴수가 없었기에 진리를 알듯알듯하다가도 결국은 수박 겉핥기식이 되어 버리고 다람쥐 쳇바퀴 도는 나날만 계속 되었던 것이다.

정말 예수님이 이 지구상에 계신다면 남극,북극이라도 찾아가서 그 분을 붙들고 어떻게 해야 날마다 승리할 수 있는지 통곡하면서 물어보고 싶다는 충동이 얼마나 절절하게 나를 휘잡았는지 모른다.

차라리 손가락 하나를 툭 잘라버리면 죄에서 자유 할 수 있다는 진리가 있다면 벌써 손가락을 자르고 말았을 것이다.

그러나 여전히 다섯 손가락이 내게 붙어 있는 것은 손가락 하나 잘라서 문제가 해결될 것이 아님을 알고 있었기 때문이다.

그래도 하나님은 "의에 주리고 목마른 자는 복이 있나니 저희가 배부를 것임이요"(마 5:6) 하는 말씀을 신실하게 이루시는 분이셨다.

영적인 숨이 막혀 더 이상 견디지 못하고 질식하려 할 때마다 진리의 빛을 마음속에 비춰 주시어 결정적으로 소생함을 주시곤 하셨기 때문이다.

이 글을 쓰게 된 동기

　그렇다고 필자가 현재 완전한 신자의 삶을 산다는 말은 아니다.
　많은 깨달음 가운데 낙심을 진리로 이기며 열심히 선한 싸움을 싸우고 있다는 것이다.

　받은 바 은혜와 진리가 너무 감사하기에 행여 죄 문제로 심히 고민하는 성도들이 있을까봐 도움을 드리려는 심정에서 이 책을 기도하며 쓰게 되었다.

② 갈등

필자가 선교사로 가기 전 한국에서 젊은이 사역에 헌신하고 있을 때였다.

밤 11시가 넘었는데 믿음생활 잘한다고 소문난 학생에게서 전화가 걸려왔다. 울먹이는 목소리로,

"목사님, 도와주세요. 어떡하면 좋아요.
이제는 다 포기했어요.
뭐가 뭔지 하나도 모르겠어요.
이제는 회개할 마음도 안들어요.
기도도 안 나와요.
죽겠어요.
정말 이젠 될 대로 되라는 자포자기의 생활뿐이에요.
이럴 때는 어떻게 해야 되나요? ……"

공중전화였는지 그러고는 끊어졌다.

갈등

그런 상태를 충분히 이해하는 나로서는 그 여대생의 절규가 예사로 여겨지지 않았다. 참담한 마음으로 눈물이 핑 돌며 더러운 어두움의 세력을 죽어라고 저주했다. 그리고 어서 빨리 주님이 오시기를, 어서 빨리 신령한 몸으로 변화될 부활의 날이 이르기를 뼛속 깊이 사모했다.

어느날, 선교사로 헌신하겠다는 꿈을 가진 신실한 믿음의 청년에게서 또 이런 고백의 편지가 날아들었다.

"거짓과 참과의 갈등에서 나 자신의 길을 잃어버리고, 죄악의 길에 빠져 찢어지는 심정으로 매어달려 주여, 어떻게 하여야 주께 바로 설수 있사오리까? 심히 울부짖었습니다.

진리를 알고 그 진리의 영광을 위해 살려고 했을 때, 그 때부터 다가오는 무서운 죄악과의 갈등 속에서 저는 얼마나 시달렸는지 모릅니다.

기회만 있으면 사탄은 나의 가장 연약하고 얽매이기 쉬운 곳을 찌르기 시작했고 나는 그때마다 그 죄를 이기지 못하고 넘어지고 말았습니다. 물론 가끔 은혜의 맛을 맛보지만 잘못하여 넘어지는 길은 너무도 무서운 길이요, 깊은 흑암의 계곡이었습니다.

그럴 때는 아무것도 하기 싫었습니다. 제자훈련도, 토요일 기도회도, 청년회 직무도, 누구도 만나기 싫었습니다.

그리고는 스스로 나를 포기한 적이 많았습니다. '어쩔수 없는 놈, 도저히 구제불능인 놈, 너는 틀렸다. 썩은 놈, 냄새나는 눈을 가진 놈, 거짓 사랑의 대표자, 간교한 놈, 누굴 사랑한다고 농담하지 말라, 너는 틀렸다. 주님을 봉사한다는 너의 꿈은 이제 끝났다'. 얼마나 가슴이 아팠는지, 얼마나 고통이 심했는지 모른답니다.

다른 사람은 잘하던데, 신앙생활 잘하면서 공부도 성실히 하고 경건하게 살던데, 왜 나는 늘 이렇게 마귀에게 얻어 맞기 잘하는지 정말 미칠 지경입니다……(하략)"

뿐만 아니다. 제자훈련을 받고 있었던 고교생이 제출한 경건일지 가운데 그와 같은 갈등은 거의 날마다 나타나 있는 경우가 허다하다. 여기 그 중 두 여학생의 어느 날 경건일지의 일부분을 잠시 읽어보자.

갈등

○○년 ○월 ○일(수요일)

하나님! 용서해 주세요. 이 인간이 또 마귀에게 속았습니다. 어찌 이리도 힘이 드는지요. 사방의 마귀의 힘이 어찌 이리도 날 누르는지요. 오락실 PC방에 가지 않겠다던 결심도 무너졌고, 주님을 의지하고 열심히 공부하겠다던 주님과의 약속도 지키지 못했습니다. 내 육신이 어찌 이리도 말썽을 부리는지 답답해서 견딜 수가 없습니다. 더구나 엄마한테는 왕짜증을 내고 온유하지도 못하고 마음 아프시게 하고 말았습니다…

내 주님, 다시는 이런 일이 없도록 지켜 주세요. 어찌해야 좋을 지 다만 주님의 사하심을 구할 뿐이며 고개를 숙일 뿐입니다. 나의 하나님, 더 이상 나의 영혼을 쇠잔하게 마옵소서.

정말 죄 안 짓고 살 수 있는 방법은 없을까? 언제나 신령하고 은혜가 넘치는 가운데 살 수는 없을까? 요즘의 나는 거듭되는 넘어짐과 회개의 반복속에서 얼마나 내 영혼이 고달픈 가운데 있는지 모른다.

내 생각의 그릇됨— 부정적인 생각, 자신 없어함, 허겁지겁 조급해

함 등등 - 을 떨구어버리려 했을 때, 아니 이 점에선 어느 정도 승리를 했다 싶을 때 마귀는 우회하여 내 육신을 겨냥했고 날 그냥 내버려두지 않았다. 어제 저녁내내 두통으로 시달리다 학교가서 공부 하나도 못하고 집에 와선 짜증내고 기도도 않고 잠자리에 들어버렸다. 아침에 일어나선 어찌 할 바를 몰라 또 시큰둥! 이렇게 저렇게 경건은 바닥을 보이고 내 영혼은 치명상을 입었다.

지금 이 시간, 이 자리에서 또 한번의 긍휼히 여기심을 구한다. 나는 넘어지나 아주 엎드러지지 아니함은 여호와께서 손으로 붙드심이니 내 발을 건 마귀에게 유유한 비웃음을 던지며 툭툭 털고 일어나게 하실 것이다. 주여. 나를 도우소서...

○○년 ○월 ○일(주일)

지난 일주일간 쓴 경건일지가 겨우 1장.
나 참 기가 막혀서.
도무지 정신을 차리고 사는 앤지 모르겠다.

사탄에게 그렇게 당하는데도 정신을 차리지 못하는 자신이 너무 싫다.

갈등

불신,이단 그런 가정 속에서 홀로 은혜생활하고 있는 내가 어떻게 이런 상태로 생활을 할수 있는지… 나태하고 방탕하고 날이 갈수록 주님께로부터 멀어져 가는 것 같다.

다른 형제, 자매님들은 선교사를 꿈꾸며, 아프리카를 꿈꾸며 신실하게 주를 믿고 따라가는데…….

주여! 당신도 나를 포기하셨습니까?
이 죄인은 왜 그들처럼 주를 사랑하지도 못하고 주님 뜻대로 살지도 못하는 것입니까?

주여, 왜 지켜보시기만 하십니까? 왜 침묵하십니까? 이 죄인의 쓰러짐과 방탕함을 다 아시지 않습니까? 붙드소서! 붙드소서! 굳건히 지키소서!

주님 이렇게 넘어져도 아직 이 죄인의 마음속에 자아와 교만이 살아 있습니다. 주 앞에서 이 죄인 아직도 교만합니다. 이 죄인의 교만을, 자아를 죽이소서. 그러나 이 죄인 넘어짐 속에서도 간절히 바라는 것이 있습니다. 꺼지지 않는 꺼질 수 없는 소망. '주여, 언제 오시렵니까?'……

고등학생이지만 주를 사랑하는 학생들이기에 주님 뜻대로 살지 못했을 때의 괴로운 심정이 절절이 드러나 있다. 어떤 청년은 나에게 이런 멜을 보내왔다.

: 존경하는 목사님께

'참된 삶은 과연 어떤 것일까? 기어서 가는 것일까? 걸어 가는 것일까? 아니면 뛰어 가는 것일까? 행함에 있어서 옳다고 생각하는 것을 행하고 옳지 않다고 생각되는 것을 행하지 않으며, 생각에 있어서 바른 것을 생각하고 바르지 못한 것은 생각하지 않으며 , 듣고 말함에 있어서는 항상 바르게 들으며 바르고 거짓없이 말하는 것, 만일 누군가가 나에게 이것을 줄 수만 있다면 나는 이 세상 천하가 내 것이라 해도 당장 바꾸어 버리고 싶다.'

목사님! 힘듭니다.
이 세상 모든 것이 어렵고 힘듭니다.
공부도 힘들고 경건생활 하기도 힘들고 죄를 짓고 감당하기도 힘들며 진정한 친구가 없는 이 세상을 외로움을 안고 살아가기도 힘듭니다.

갈등

그러나 이 모든 것들보다도 더 힘든 것은 **주님과 나와의 대화가 없이** 이 세상을 살고 있다는 것입니다. 죄라는 마귀의 속임수가 나와 주님과의 관계를 점점 멀게 해버리는 것 같습니다. 앞가슴을 촉촉이 적시는 회개의 눈물로도, 다시는 이 죄만은 행치 않겠다는 굳은 마음도 내가 다시금 범죄하는 것을 가만히 바라보고 있을 뿐입니다.

주님을 안다고 하면서도 주위환경을 핑계 삼아 주일을 지키지 못한 죄, 시간과 학과공부로 인해 말씀을 자주 보지 못한 죄, 거짓 맹세로써 주님을 여러 번 속인 죄, 누구보다도 주님안에서 사랑해야 할 형제를 미워한 죄, 음란한 생각과 자위행위로 마음을 더럽히며 많은 시간을 낭비한 죄…

그리고 알게 모르게 지은 모든 죄를 이 시간 주님 앞에서 다시 고백합니다. 과연 주님이 나의 모든 죄를 그 무거운 십자가에 지고서 돌아가셨을까 하는 생각이 나의 마음을 흔들어 놓은 적이 한두 번이 아니었습니다.
…… (하략) :

이제 이 글은 바로 이러한 갈등 속에 번민하는 신앙인들을 위하여 쓰고 있다. 이 글을 쓰는 필자도 똑같은 심정으로 심히 애통하는 마음으로 어떻게 하면 죄에서 해방을 누리고 성결하게 살 수 있는지 날마다 고민하는 한 사람이다. 그 많은 고민과 실패 속에서 조금씩 조금씩 주워 모은 진리의 알곡들을 함께 나누어 먹고 성령 안에서 힘을 내보자.

동일한 고난, 동일한 탄식

먼저 우리는 우리의 실패의 경험과 연약으로 인한 탄식이 나 혼자만의 고민이요, 절망이 아니라고 하는 사실을 앎으로 내 자신을 진정 시킬 필요가 있다.

자고이래로 하나님을 뜨겁게 사랑하는 하나님의 자녀치고 **영혼을 거스려 싸우는 육체의 정욕**(벧전 2:11) 때문에 탄식하지 않은자가 누구인가?.

> "피조물이 다 이제까지 함께 탄식하며 함께 고통하는 것을 우리가 아나니 이뿐 아니라 또한 우리 곧 성령의 처음 익은 열매를 받은 우리까지도 속으로 탄식하여 양자 될 것 곧 몸의 구속을 기다리느니라 (롬 8:22-23)"

갈등

바울은 위의 성경 구절과 같이 자신도 죄 때문에 심히 탄식을 금치 못하며 더럽고 더러운 육체 때문에 고통하면서 몸의 구속 곧 신령한 몸을 입게 될 날을 손꼽아 기다린다고 진술하고 있다.

이사야 선지자는 거룩하신 하나님의 모습을 성전에서 보았을 때 즉시로 죽을 수밖에 없는 자신의 더러움을 보았고 자기 가슴을 치고 애통해 하기를, "화로다. 나여, 망하게 되었도다. 나는 입술이 부정한 사람이요. 입술이 부정한 백성중에 거하면서 만군의 여호와이신 왕을 뵈었음이로다(사 6:5)" 하였다.

동방의 의인이라고 칭함 받았던 욥도 하나님의 임재를 체험하고는, "내가 주께 대하여 듣기만 하였삽더니 이제는 눈으로 주를 뵈옵나이다. 그러므로 내가 스스로 한(恨)하고 티끌과 재 가운데서 회개하나이다(욥 42:5)" 라고 울부짖었다.

주 예수님의 수제자 베드로는 어떠했던가? 그는 예수 그리스도를 처음 만났을 때, "주여 나를 떠나소서. 나는 죄인이로소이다(눅 5:8)" 하며 주님께 엎드렸던 것이다.

독자여! 확실히 이것은 사실이다. 우리가 거룩하신 하나님과 그의 독생자 예수 그리스도를 성령으로 말미암아 알게 되었을 때 공통적으로 나타나는 양상은 자신의 더럽고 끔찍스러운 죄인 된 모습을 보게 되고 기겁을 하며 놀란다는 것이다.

천로역정에 보면 첫 장면에 기독도가 성경책을 들고 황량한 들판에서 애통해 하며 울고 있는 모습이 나온다. 그것은 장망성 불신 세상에 살던 기독도가 성경을 통해 예수 그리스도를 발견했을 때 그는 즉각적으로 자신의 더러움을 발견하고 지옥에 갈 수 밖에 없는 자신 때문에 탄식하며 울고 있었던 것이다.

그러니 사랑하는 형제여, 이제 눈물을 닦고 앉아서 함께 얘기해 보자. 우리가 가장 신령하다고 생각하는 신앙의 위인 가운데 다윗을 꼽을 수 있는데 그는 과연 죄와의 갈등이 없었던 자였는가?

시편 38:3-5을 읽어보면 다윗이 솔직히 털어놓기를 자기는 자기의 죄로 인하여 뼈까지 평안함이 없다고 하였고, 자기 죄악이 자기 머리에까지 넘쳐서 무거운 짐이 되어 감당할 수 없도록 짓누른다고 실토했다. 자기 육신의 더러운 것들이 썩어 악취가 날 정도라고 하나님께 울부짖었던 것이다.

갈등

뿐만 아니라 시편 6편을 펼쳐보면 앞에서 소개했던 여러 신앙을 가진 젊은이들의 실패의 절규보다도 더 적나라하게 죄로 인한 탄식 속에서 다윗이 괴로워하고 있는 모습이 나온다.

"여호와여 주의 분으로 나를 견책하지 마옵시며 주의 진노로 나를 징계하지 마옵소서. 여호와여 내가 수척하였사오니 긍휼히 여기소서. 여호와여 나의 뼈가 떨리오니 나를 고치소서. 나의 영혼도 심히 떨리나이다. 여호와여 돌아와 나의 영혼을 건지시며 주의 인자하심을 인하여 나를 구원하소서. 사망 중에서는 주를 기억함이 없사오니 음부에서 주께 감사할 자 누구리이까. 내가 탄식함으로 곤핍하여 밤마다 눈물로 내 침상을 띄우며 내 요를 적시나이다. 내 눈이 근심을 인하여 쇠하며 내 모든 대적을 인하여 어두웠나이다.……
(시 6:1-7)"

보라. 얼마나 절박한 어두운 골짜기에서의 탄식소리인가?

하나님이 자기 마음에 합한자(행 13:22)라고 할 만큼 위대한 성도로 인정된 다윗도 자기 죄로 인해 뼈가 떨리고 통회자복 하느라 밤마다 눈물로 이불을 적셨던 적이 있었던 것이다.

천로역정을 쓴 존 번연은 언젠가 고백하기를 "오호라, 나는 나병환자와 같은 썩은 자이다. 죄악이 내 속에서 솟아나는 것이 꼭 샘에서 샘물이 솟아나는 것같이 그치지 않는다" 라고 울부짖었다.

확실히 신실하게 주를 사랑하는 자의 생활 속에서 체험되는 갈등은 누구도 예외가 없는 것이다.

그래서 성경은 이미 이렇게 기록해 놓고 있다.

> "근신하라. 깨어라. 너희 대적 마귀가 우는 사자 같이 두루다니며 삼킬자를 찾나니 너희는 믿음을 굳게하여 저를 대적하라. 이는 세상에 있는 너희 형제들도 동일한 고난을 당하는 줄을 앎이니라.(벧전 5:8-9)"

여기서 "동일한 고난"이란 말의 의미가 무엇이겠는가? 그것은 마귀의 세력(죄의세력)과 날마다 쉴 틈이 없이 싸우는 가운데 일어날 수 있는 모든 형태의 어려움들 – 환난, 실패, 낙심, 죄에 이끌려 다님, 등등 –을 말하는 것이 아니겠는가?

그렇다. 마귀는 하나님의 원수이기 때문에 하나님을 향하여 열심있는 자들을 보면 절대 가만있지 못하는 존재다. 어떻게 해서든지, 무슨 수를 써서라도 주님의 사랑하는 백성을 집어 삼키려고 호시탐탐 일분일초도 쉬지않고 우는 사자처럼 노리고 있는 것이다.

왜 신자에게 끝없는 갈등이 있는가?

그러면 왜 이 세상을 사는 하나님의 백성들에게 이토록 죄와의 갈등이 있을 수 밖에 없는가 하는 문제를 생각해 보자.

첫째로, 예수를 믿는 그 순간 나의 영혼은 구원을 받았지만 완전하게 성화된 것은 아직 아니기 때문이다. 나의 거듭난 속사람은 성장하고 성숙해 가야 하기에 성장의 아픔이 있는 것이다.

이것에 대해 한국의 유명한 강해설교자인 박영선 목사님은 늘 이렇게 설명하곤 하신다.

"구원이란 어떤 한 조각가가 길을 가다가 불 속에서 타고 있는 나무를 보고 저 나무로 예술작품을 만들겠다고 결심하는 것과 같습니다. 조각품을 만들기 위해서 이 사람은 모닥불 속의 나무를 맨 먼저 불에서부터 꺼내야 합니다.

나무의 입장에서 이 사건을 생각해 보십시오. 나무는 속수무책으로 불 속에서 타고 있기에 자기 혼자서 스스로 불속에서 나올 수는 없습니다. 누군가가 꺼내 주지 않는 한 말입니다. 그런데 누군가가 꺼내 주어서 불을 꺼주었습니다. 그러니 처음에는 얼마나 기쁘겠습니까? '얻었네. 나는 구원얻었네. 불꽃은 사라지고 더 이상 연기도 나지 않는다네. 못 나온 저 동료들은 다 타 죽는데 나는 살았다네.' 그런데 그 다음날부터가 이제 괴롭습니다. 불에 타 죽은 동료들은 그냥 타고 말았는데 나를 꺼낸 준 은인이 매일 오셔서 무언가를 하시는 겁니다.

빼파(sand paper)로 문지르고 끌로 파고, 호호 불고, 요리 조리 들여다 보시고, 소금물에 담갔다가, 꺼냈다가, 니스칠을 했다가 마음에 안 든다고 홀딱 때를 벗겼다가··

그래서 미칠 지경인겁니다. 왜 그냥 놔두시지 꺼내셔서 이 고생을 시키는 것일까요?

구원이란 '완성을 시키기 위해서 하나님이 갖고 계신 계획'이기 때문입니다."

그렇다.

이스라엘 백성이 애굽에서 나올 때 처음에는 얼마나 기쁘고 벅찬 가슴으로 나왔던가?

그러나 그 기쁨은 곧 홍해 앞에서 시련을 만났고 그 후 40여년을 광야 가운데 방황하며 수 없는 연단의 세월을 보낸 다음에 그들의 심령에 지워지지 않는 심한 교훈을 받은 후 그의 자녀들이 가나안에 들어갔던 것이다.

하나님은 이처럼 우리를 구원하셨을 뿐만 아니라 우리의 거듭난 속사람의 성장에도 관심이 지극하시다. 성장에는 아픔이 뒤따르며 정당한 댓가를 치루지 않으면 안 된다.

"하나님이여, 주께서 우리를 시험하시되 우리를 단련하시기를 은을 단련함같이 하셨으며 우리를 끌어 그물에 들게 하시며 어려운 짐을 우리 허리에 두셨으며 사람들로 우리 머리 위로 타고 가게 하셨나이다. 우리가 불과 물을 통행하였더니 주께서 우리를 끌어내사 마침내 풍부한 곳에 들이셨나이다(시 66:10-12)." 아멘-

둘째는, 우리 신자가 살고 있는 이 세상은 바로 전쟁터이기 때문이다.

이것이 우리에게 죄로 인한 갈등이 없을 수 없는 이유가 된다. 생각해 보라. 당신이 옛 군병이 되어 이순신 장군과 함께 왜적을 무찌르는 전투에 참가하고 있다고 할 때 얼마나 긴장이 되겠는가? 아무리 갑옷을 든든히 입고 용감하게 싸운다 할지라도 한계가 있는 인간인지라 완벽하게 적의 공격을 피하지 못할 수도 있다. 빗방울처럼 쏟아지는 적의 불화살 공격의 현장에 있다 보면 언젠가는 한 방 맞을 수도 있는 것이다. 그 용감한 이순신장군도 적의 총탄에 쓰러지지 않았는가?

더구나 우리의 전쟁은 자기의 목숨이 붙어 있을 때까지 계속되는 전쟁이며 대치하고 있는 적군은 결코 물러서거나 없어지지 않고 우는 사자처럼 사납게 덤비기 때문에 더욱 어려움이 있는 것이다. 주님의 재림이 임하고 주께서 원수들을 무저갱에 가두어 심판하시기까지는 우리는 이 전쟁을 피할 수가 없다.

그래서 때로는 하나님의 사람들도 원수가 쏜 죄악의 불화살에 불의의 한 방을 맞고 비틀거리며 예수님의 십자가 병원에서 치료받기까지 얼마나 고통하며 아파할 때가 많은지 모른다.

형제여, 당신은 아마추어 레슬링 선수의 귀를 본 적이 있는가? 얼마나

갈등

훈련과 시합을 통해 육체적인 접촉으로 귀가 상처를 입었으면 귓볼이 거의 닳아져서 조그마하게 되었고 만져보면 단단한 발바닥 같이 되었겠는가?

유명한 권투선수의 코가 납작하게 무너져 내려 앉은 경우도 마찬가지이다. 아무리 훌륭한 선수라도 그 많은 싸움에서 어찌 코 한두 번 깨지겠는가? 그가 권투 생활을 계속하는 한 얻어 맞을 가능성도 항상 있는 것이다. 복싱 역사상 가장 위대한 복서로 인정받는 알리도 얼마나 많이 펀치를 맞았으면 말년을 거의 폐인이 되어 몽롱하게 살아가고 있겠는가?

우리의 신앙생활도 날마다의 치열한 전쟁이다.

이 싸움은 내가 이 세상을 작별하기까지는 결코 휴전도, 종전도 없는 싸움이기 때문에 때로는 쓰라린 패배를 맛보고 넘어져 거무적 거릴 때가 없다고 어찌 단언하겠는가?

셋째는, 우리의 육신은 선한 것이 하나도 없는 썩은 육신이요, 이 세상은 불신자들의 터전이요, 이 세상 임금이 우리의 원수인 마귀이기 때문에 영혼이 깨어난 신자는 갈등이 생길 수 밖에 없는 것이다.

갈 5:17에, 육체의 소욕은 성령을 거스리고 성령의 소욕은 육체를 거스리나니 이 둘이 서로 대적함으로 저희의 원하는 바를 하지 못하게 하려 한다고 했다.

롬 8:7에는 육신의 생각은 하나님과 원수가 되나니 이는 하나님의 법에 굴복치 아니할 뿐 아니라 할 수도 없음이라고 했다. 그러한 못된 육신을 우리 신자들은 누구도 예외 없이 뒤집어 쓰고 있다. 그러니 날마다 성령의 소욕을 따르려는 나의 속사람과 육체의 소욕을 따르려는 나의 겉사람이 내 마음속에서 틈만 있으면 싸우는 것이다.

거기에서 지면 우리 영혼은 어두움에 짓밟혀 신음하는 것이다. 게다가 우리가 숨쉬고 사는 이 세상은 또 누구의 편인가? 학생들은 날마다 학교에서 하나님이 없는 무신론자들이 세운 세상지식에 강제 세뇌를 당한다. 거듭난 영혼을 가진 학생들의 영혼이 우연 중 얼마나 해(害)를 받겠는가?

뿐만아니라 골목 골목마다 선정적인 포스터를 붙여놓고 사람들의 정욕을 자극하며, 인터넷과 세상 메스컴은 음악과 예술과 사상과 발달된 물질 문명을 미끼로 성도의 영혼에 치명상을 입히는 죄악의 화살들을 오늘 이 순간도 쏘아대고 있다. 밖에 있어도 집에 있어도 죄악의 지뢰는 언제

갈등 ─────────────────────────────────────

터질지 모른다. 중, 고생들이 포르노를 탐닉하고 술,담배하는 것은 문제거리도 안되는 시대가 되어 버렸고, 초등학생들이 입에 담을수 없는 상스럽고 더러운 욕을 자연스럽게 내뱉는 시대에 우리는 지금 살고 있다.

    이러니 어찌 우리의 속사람에 탄식이 없을 수 있겠는가?

    사단이 신실한 그리스도인들을 지극히 미워하는 데에는 몇 가지 이유가 있다. 그 중의 하나는 그들이 하나님을 사랑하며 더욱이 하나님으로부터 사랑을 받고 있다는 사실이다. 또한 그리스도인은 하나님의 자녀로서 하나님 아버지를 닮아갈 뿐 아니라 그 가족의 하나라는 이유다. 하나님을 닮아가려는 그를 볼 때 하나님을 연상하게 되며 이것이 바로 사단의 극렬한 증오의 원인이 된다. 또한 모든 그리스도인은 죄의 노예살이에서, 마귀의 지배하에서 풀려나온 사람이기 때문에 사단은 그를 볼 때 분노를 금치 못하는 것이다.

    또 늘 기도하는 그리스도인은 사단이 자기 왕국을 세우고자 하는데 늘 방해가 되는 존재이기 때문이다. 그리스도인은 세상을 마다하고 하나님 보좌로 나아가는 사람이다. 그래서 사단이 볼 때에는 어느 쪽에서 자기에게 위험이 올지 모르게 된다. 또 하나의 엘리야가 나올지 아는가? 다니엘이나 루터 혹은 윌리암 부드 같은 사람이 또 나올지 어떻게 아는가?

에드워즈나 피니같은 그리스도인이 또 태어나서 세상 구석 구석에 다니면서 말씀을 전하며 기도하여 영혼을 자유롭게 할 지도 모른다. 사단에게는 이것은 너무나 큰 위기이며 고통이기에 그러므로 할 수만 있으면 서둘러서 자기의 적을 무력화 시키려고 애쓰는 것이다.

갓난 그리스도인은 우선 사단의 첫째 공격 목표가 된다. 군인을 무찌르는 가장 좋은 방법은 그가 장성한 사나이가 되기 전에 처치해 버리는 것이다. 「모세」가 위대한 민족을 이끌고 출애굽의 역사를 못하도록 어릴 적에 없애면 되는 것이다. 아기 예수도 이 세상의 죄를 위해 돌아가시지 못하도록 하기 위해서는 어릴 적에 공격하는 것이다. 신앙적으로 어린 그리스도인을 자라지 못하게 하고 일찍감치 없애야만 나중에 골칫거리가 되지 않는 다는 것이다.

그러나 사단은 우리의 육체적인 공격에는 그다지 큰 관심이 없다. 전장에서 영웅적으로 죽음을 한 병사는 군대로서는 전력(戰力)의 손실에 별 차이가 없으며 오히려 국가의 긍지와 자랑이 된다. 그러나 싸움터에서 후퇴하여 슬슬 피하는 군인은 가족의 창피일 뿐 아니라 국가의 불명예요, 사기저하의 주범이며 패배의 앞잡이다.

갈등

　마찬가지로 믿음 가운데 순교한 그리스도인은 사단에게 승리가 아니며 오히려 다른 그리스도인들의 믿음을 촉진시키는 산 증거가 된다. 그렇지만 소위 믿는다는 사람이 믿음의 싸움을 회피하거나 항상 비참한 죄된 생활로 위선적인 삶을 산다면 이것은 적에게 미소를 주는 일이며 결국은 온 교회에 눈물을 가져다 주는 시험의 쓴뿌리가 되고 만다.

　사단의 주요 목표는 우리를 육체적으로 병들게 하거나 죽이는 것이 아니며(물론 때로는 자기의 흉측한 계획에 따라 육신적 고통과 죽음을 야기시키기도 하지만), 우리의 신앙을 병들게 하여 영적 싸움에서 도망가는 무력하고 비겁한 그리스도인으로 만드는 일이다.

　그리고 이 일에 어느 정도 성공을 거두고 있다. 오늘날 많은 그리스도인이 어떤 의미에서는 사단을 별로 해롭게 하지 않고 있다. 그는 전쟁이 험악하다는 걸 알기 때문에 비록 도망가지는 않으나, 자기 연민에 싸여 있으며 병든 새끼 독수리가 되어 창공을 날지도 못하고 순례의 길이 힘이 들어 길바닥 나무 그늘에 주저앉아 향기도 없는 시든 꽃을 보고 한숨을 짓는 사람이다.

　사단은 이러한 일들을 벌써부터 행하고 있다.

부패하는 어느 교회를 보이면서 거짓 진리와 기만으로 깊은 실망에 빠지게 하여 이단에 빠지게도 하고, 그들의 확신을 모호하게 하여 아무런 활력도 없이 다만 교회라는 종교적 기관을 유지하기 위해 돈을 내는 통계상의 사람들로 만들어 놓고 있다.

사단이 어린 그리스도인을 대적한다면 신앙의 보다 높은 삶을 향해 애쓰는 사람들에겐 더욱 심하게 방해하지 않겠는가? 많은 사람들이 생각하는 것같이 성령 충만의 생활이 결코 평안하고 즐거운 것만은 아니다. 실은 정 반대일지도 모른다. 어느 면으로 보면 강도가 몰려있는 숲길을 지나가는 것이며 마귀와의 투쟁이 가득찬 통로를 통과하는 일이다. 거기엔 항상 싸움이 있으며 또는 육과 영의 충돌로 인한 갈등과 실망의 길이기도 하다.

그러나 우리가 승리의 그리스도를 인도자로 모실 때 넉넉히 승리할 수 있지만 여기서 강조하고픈 것은 우리가 만일 그러한 투쟁과 갈등을 피해 도망을 가거나 숨어버린다면 그에게는 많은 그리스도인의 생활가운데 벌어지고 있는 비참하고도 무미건조한 신앙생활밖에 할 수 없다는 것이다. 그것은 우리의 힘을 약화시키며 성장을 막고 결국 사단의 마음을 흐뭇하게 하는 일이다.

갈등

싸움을 포기한 그리스도인은 사단이 건드리지 않는다. 그러나 싸움을 포기한자의 결과는 침체와 공허와 열매없는 삶일 뿐이다. 그리스도인의 생활이 결코 쉬운 것만은 아니지만 그러나 하늘의 백성인 우리가 안일한 것을 위해 인생을 허비 할 수는 없지 않은가?

그래서 하나님의 사람 스펄젼은 다음과 같은 기도를 종종 드렸던 것이다.

"주님, 우리가 사는 날 동안 하늘 아래서 육체의 존재만을 위해 신음하지 않게 하옵시고, 우리 자신의 구멍 속 으로 기어 들어가는 지렁이처럼 살지 않게 하옵소서.

오! 우리로 하여금 주께서 우리에게 심으신 새 생명으로 우리가 마땅히 살아야 할 바대로 살게 하옵소서. 주께서 인간을 멸망하는 짐승들 위에 높이신 것처럼, 보통 사람들 위로 올리시는 경건의 활기를 가지고 살게 하옵소서. 아멘"

죽은 자는 갈등이 없다

나는 35년 정도를 신앙생활을 해 오면서 교회 안에는 두 가지 양상이 있다는 것을 파악하게 되었다. 하나는 내적인 갈등이 별로 없이 교회를 다니며 교인 생활을 하는 분들이 있고, 반면에 심한 내적 갈등을 빈번하게 겪으면서 하나님 앞에 몸부림 치며 — 물론 때로는 너무 지쳐서 몸부림도 안나오는 경우가 있지만— 괴로워 하는 분들이 있다.

솔직히, 나는 자신의 죄 덩어리를 부둥켜안고 이것이 도대체 어찌된 것인지 통탄해하며 절망해하는 교인들에게서 오히려 소망스러움을 발견하고 그들을 가능성 있는 귀한 신앙의 사람들이라고 인정하기에 주저하지 않는다.

그들은 누가 보지 않고 감독하지 않는데도 하나님의 불꽃같은 눈동자를 의식하고 그 앞에서 행악한 것들을 인해 견디지 못하고 신앙 양심의 소리에 반응하는 것이다.

그러나 어떤 교인들은 외적으로 보면 봉사도 잘하고 교회도 안 빠지고 잘 나오는데 별로 하나님 앞에 우는 모습도 없고 애통해 하는 모습도 드물

갈등 ─────────────────────────

다. 이런 교인들을 보면 즉각 내 영이 답답함을 느낀다. 그들이 하나님 앞에 순전한 삶을 살고 성령에 늘 충만하기 때문에 애통이 없다면 별 문제지만 그렇지 않은 경우가 대부분이기 때문이다.

필자가 선교하고 있는 남부 아프리카는 아시는 분은 아시겠지만 에이즈가 창궐하고 있다. 흑인 인구의 30프로 이상이 이 무서운 병에 걸려 속절없이 죽어가고 있는 상황인데, 에이즈 병의 특징은 면역성이 결핍되어 어떤 병에도 저항하지 못하고 꼼짝없이 죽는다는 것이다. 영적으로도 에이즈처럼 죄악의 저항력을 잃어 버린 교인들이 얼마나 많은지 모른다.

오늘날 성결 생활에 있어서 치명적인 것은 교회 안에 있는 많은 무리들에게 통회하는 일이 적다는 것이다. 이것만큼 그 사람의 영혼에 있어서 치명적인 바이러스는 없다. 잠자는 자는 갈등이 있을 수 없기 때문이다. 살았으나 실상은 죽은 자(계 3:1)란 진단을 받은 사데 교회에 주님이 요구하신 것은 무엇보다도 가슴을 치며 회개하는 것이었다(계 3:3).

식물인간처럼 영혼의 의식이 잠들어 버려 죄에 대한 면역력을 잃어버린 신자들이 오늘 현대 교회안에 무수히 많은 것은 이 시대의 비극이다.

누가 복음 18장에 등장하는 세리와 같이 감히 눈을 들어 하늘을 우러러 보지도 못하고 다만 가슴을 치며 불쌍히 여겨달라고 애통해 하며 회개자복 하는 자들은 얼마나 되는가?

우리 속에 내주하시는 성령을 슬프게 하는 삶을 살고도 별로 심령에 각성도 없는 발바닥같이 무디어져 버린 양심들이 얼마나 많은가? 일대일로 하나님과 골방의 만남도 없이 한 주간을 멋대로 살다가 주일날 교회에 나와 예배 한 번 드려주고 자신의 신앙 양심을 땜질해 버리는 아스팔트같이 굳어버린 생기 없는 심령들이 얼마나 많은가?

나의 형제여!
절대로 당신의 양심에서 들려오는 신앙의 외침에 얼버무리며 귀를 막지 말라. 하나님은 변명할 만한 죄라고 그냥 가볍게 넘어가 주시지 않는다. 우리의 성결의 목표는 주 예수님처럼 되는 것이다. 그러기에 어찌 우리같은 질그릇들에게 탄식과 애통이 끊일 날이 있겠는가?

하나님 앞에 가슴을 치며 울자. 그러면 바로 그러한 심령에게 하나님이 준비한 성결의 대로가 열릴 것이다.

갈등

　현장에서 간음하다 잡혔던 여인도, 남편을 다섯이나 두며 방탕했던 수가성 우물가의 여인도 예수 앞에 나아가 죄사함 받고 새로운 삶의 돌파구를 찾지 않았던가?

　"나 여호와가 이르노라. 무릇 마음이 가난하고 심령에 통회하며 나의 말로 인하여 떠는 자 그 사람은 내가 권고 하려니와.(사 66:2)"
　—아멘—

③ 오직 믿음

"**복**음에는 하나님의 의가 나타나서 믿음으로 믿음에 이르게 하나니 기록된 바 오직 의인은 믿음으로 말미암아 살리라 함과 같으니라(롬 1:17)".

인간의 행위로는 아무도 구원 얻을 수 없다.

마 18:3에 보면 예수님께서 말씀하시기를, "너희가 돌이켜 어린아이들과 같이 되지 아니하면 결단코 천국에 들어가지 못하리라" 하셨다. 이 말씀을 잘못 오해해서 어린아이들처럼 순수하고 죄가 없어야 천국 간다고 해석한다면 뭔가 이상해 진다. 왜냐하면 어린이라고 해서 죄가 없는 것이 아니기 때문이다. 우리는 나면서부터 죄인으로 출생했다.

"내가 죄악 중에 출생하였음이여,
모친이 죄 중에 나를 잉태하였나이다(시 51:5)."

그렇다면 주님께서 어린아이 같이 되지 아니하면 결단코 천국에 들어가지 못하리라 하신 말씀의 참 의미는 무엇인가?

그것은 무엇보다도 어린아이는 부모가 돌봐주지 않으면 살수없는 존재이다. 마찬가지로 천국에 들어갈 자마다 한가지 특징이 나타나는데 그것은 자기 혼자로서는 죽을 수 밖에 없는 죄인이요, 오직 예수 그리스도가 자기에게 계셔야 영원히 살 수 있다는 '겸손' 과 '의존성' 을 가지고 있다는 점이다.

바로 여기에 구원이 있는 것이다. 내가 아무리 착하고 선하게 산다 할지라도 나의 행위로는 구원 못 받고 주님의 공로로만 구원받을 수 있다는 것을 알기에 어린아이처럼 오직 예수님 십자가만을 의존해야 한다는 것이다.

그렇다. 구원은 결코 인간 행위에서 털끝만큼도 나올 근거가 없다. 인간에게서 나오는 것은 오직 추함과 더러움과 썩은 냄새일 뿐이다. 그래서 성경에 "너희가 그 은혜를 인하여 믿음으로 말미암아 구원을 얻었나니‥ 엡 2:8)"라고 했을 때 그 '믿음' 에는 결코 '인간행위' 의 불순물이 조금도 섞이지 않는 순수한 예수공로만을 일컫는 것이다.

── 오직 믿음

　이와같은 예수님만을 전적으로 의지하는 믿음을 자주 쓰는 말로 '오직 믿음' 이라고 한다. 그런데 우리 신자들 가운데는 '오직믿음' '오직믿음'을 구호처럼 자주 사용하면서도 실제로는 구원문제를 믿음에 행위를 뒤섞어서 생각하므로 스스로 혼돈과 좌절에 빠지는 경우가 허다하다.

　종교개혁의 불꽃 마르틴 루터가 그런 케이스였다.
　그는 참 진리를 깨닫기 전 거의 30여년 동안을 구원의 확신도 없이 괴로워하며 지내던 자였다. 그는 종교성이 매우 강한 청년이었는데 중세 교회는 그러한 그에게 지옥의 공포와 심판을 무섭도록 가르쳤고 거기에 빠져 나와 구원을 얻으려면 은혜와 선행과 정결한 양심이 필수적이라고 했다.

　또한 그리스도인의 무서운 심판은 성모 마리아와 그의 어머니 성 안나를 통해 무마시킬 수 있다고 했다. 루터는 무서운 심판 주 그리스도의 모습 앞에서 완전히 공포에 사로잡혀 있었다. 그러다가 그가 22살 되던 1505년 여름, 천지를 뒤흔드는 천둥과 뇌성벽력이 진동할 때 겁에 질려 땅에 엎드려 졌고, 그는 "성 안나여, 나를 도우소서. 만일 여기서 나를 살려 주시면 내가 수도사가 되겠나이다" 라고 부르짖었으며 그 일 후 수도원으로 들어갔던 것이다.

지옥과 심판의 공포를 면하기 위해서 달려간 곳이 수도원이었는데 거기서 루터는 8-9년 동안 수도 생활을 하면서도 항상 구원의 문제로 고민하고 있었다. 그는 열심히 기도와 미사와 금식과 또한 수도원이 정한 모든 규칙과 의식을 지켰다. 그렇게 함으로써 흔들리는 구원의 문제가 해결될 줄 알았던 것이다.

그래서 그는 후에 고백하기를, "만약 수도사가 수도의 생활로 천국에 갈 수 있다면 나야 말로 천국에 맨 먼저 갈 수 있었을 것이다"고 할 정도로 금식과 고행과 예배에 열심이었다. 그러나 루터는 점점 더 깊은 죄책감과 지옥의 공포에 사로잡히게 되었고 때론 나무 잎사귀 하나가 떨어지는 소리에도 부들부들 떨었다고 한다.

아무리 금식기도를 하고 예배의식을 준행하며 선행과 고행을 해도 (루터는 수도원의 수십개 되는 계단을 오직 무릎으로 기어 올라가며 고행을 하는 때도 있었는데 그럴 때는 무릎이 온통 피범벅이 되었다고 한다) 자기의 부패한 마음에서 일어나는 정욕과 죄악을 떨쳐 버리지 못하고 심한 좌절에 빠져 있었던 것이다.

그러다가 어느 날 그는 우연히 시편 22편을 읽게 되었는데 거기서 그는 성령의 감동으로 그의 운명을 바꾸는 복음의 빛을 접하게 되었다. 우리 함께 시편 22편을 펼쳐 읽어보자.

"내 하나님이여 내 하나님이여 어찌하여 나를 버리시나이까? 어찌 나를 멀리하여 돕지 아니하옵시며 내 신음하는 소리를 듣지 아니하시나이까? 내 하나님이여 내가 낮에도 부르짖고 밤에도 잠잠치 아니하오나 응답지 아니하시나이다 ……

나는 벌레요, 사람이 아니라. 사람의 훼방거리요 백성의 조롱거리니이다. 나를 보는 자는 다 비웃으며 입술을 삐죽이고 머리를 흔들며 말하되 저가 여호와께 의탁하니 구원하실 걸 저를 기뻐하니 건지실 걸 하나이다……

나를 멀리하지 마옵소서. 환란이 가깝고 도울 자 없나이다. 많은 황소가 나를 에워싸며 바산의 힘센 소들이 나를 둘렀으며 내게 그 입을 벌림이 찢고 부르짖는 사자 같으니이다.

나는 물같이 쏟아졌으며 내 모든 뼈는 어그러졌으며 내 마음은 밀랍 같아서 내 속에서 녹았으며 내 힘이 말라 질그릇 조각같고 내 혀가 입천장에 붙었나이다. 주께서 나를 사망의 진토에 두셨나이다.

개들이 나를 에워쌌으며 악한 무리가 나를 둘러 내 수족(手足)을 찔 렀나이다. 내가 모든 뼈를 셀 수 있나이다. 저희가 나를 주목하여 보고 내 겉옷을 나누며 속옷을 제비뽑나이다. 여호와여 멀리하지 마옵소서! 나의 힘이시여 속히 나를 도우소서……

(시 22편중에서)."

처음에 루터는 이 시편이 저자인 다윗 자신의 처참한 모습을 묘사하는 줄 알았다. 그러나 다음 순간, 하나님은 루터의 영의 눈거풀을 한가닥 벗겨내어 바로 이 성경이 예수 그리스도의 십자가의 고통을 예언하고 있다는 것을 깨닫게 하셨다. 그 순간 빛이 쏟아들어 왔다.

"오, 예수께서 우리를 구원하시려고 이토록 심한 고통을 받으셨나! 이토록 처절한 댓가를 치르셨나! 주님이 날 구원하시려고 이토록 심한 고난을 받으셨는데 내가 주님의 고난이 마치 부족하기라도 한 듯이 또 다시 나의 구원을 위해 이런 고행을 보태야 하는가? 정말 그럴 필요가 있는가…".

한번 계시의 눈이 열리자 루터는 금방 로마서 1장 17절에서 확실한 복음의 핵심을 발견하고 말았다.

"복음에는 하나님의 의가 나타나서 믿음으로 믿음에 이르게 하나니 기록된 바 오직 의인은 믿음으로 말미암아 살리라 함과 같으니라 (롬 1:17)."

그렇다. 오직 믿음이다! 구원은 행위로 얻는 것이 아니요, 그렇다고 '믿음＋행위'로 얻는 것도 아니다. '오직믿음'이다.

이 사실을 분명하게 깨닫게 된 루터는 담대하게 자신을 잘못 가르쳐 주었던 중세 교회를 향해 "구원은 오직 믿음로만!!"을 외치고 또 외쳤던 것이다.

사랑하는 신앙의 동지들이여!
우리 다시 한번 엡 2:8-9을 찾아 큰 소리로 읽어보자.

"너희가 그 은혜를 인하여 믿음으로 말미암아 구원을 얻었나니 **이것이 너희에게서 난 것이 아니요,** 하나님의 선물이라. 행위에서 난 것이 아니니 이는 누구든지 자랑치 못하게 함이니라(엡 2:8-9)."

그러면 왜 인간의 행위로는 구원을 얻지 못하는가? 무엇보다도 '인간의 전적타락'에 그 원인이 있음을 우리는 직시해야한다. 생각해 보라. 오직 흠과 티가 없는 깨끗한 자들만이 갈 수 있는 하늘나라를 날 때부터 죄인된 인간들이 무슨 재주로 죄에서 벗어나 구원에 이를 수 있단 말인가?

날 때부터 검은 피부를 가지고 태어난 아프리카의 한 흑인이 날마다 자기 얼굴에 하얀 밀크 크림을 바르고 자기의 검은 피부를 하루에 세 번씩 이태리 타올로 문지른다고 해서 그가 백인이 될 수 있겠는가? 아니다. 결코 그럴 수 없다. 그가 죽어서 백인으로 다시 태어나지 않는 한 그의 어떤 행위나 노력도 그의 본래의 피부색을 바꾸게 할 수는 없는 것이다.

그러니 독자여,
날때부터 검은 사람이 어떻게 스스로 흰피부를 갖게 할 수 있겠는가? 앞 못보는 소경이 어떻게 자기 스스로 눈을 뜨게 할 수 있겠는가? 아니 그 무엇보다도 죽어버린 시체가 어떻게 자기 스스로를 살릴 수 있겠는가? 그래서 성경은 이렇게 선언하고 있다.

"구스인이 그 피부를, 표범이 그 반점을 변할 수 있느뇨? 할 수 있을진대 악에 익숙한 너희도 선을 행할 수 있으리라(렘 13:23)."

그렇다! 얼마나 분명한 진리인가? 구스인(에디오피아의 남방부족, 흑인을 말함)이 자기의 노력으로 그 피부를 흰 색깔로 만들 수 있다면 당신도 행위로 구원 얻을 수 있을 것이다. 그러나 거듭 말하거니와 그가 죽었다가 백인을 부모로 하여 다시 한번 태어나지 않는 한 불가능한 것이다.

바로 여기에 기독교 복음의 핵심이 있다. 성경에 나오는 니고데모같은 종교적인 사람이라 할지라도 죽었다가 다시 살아나지 않는 한 그에게는 구원의 여지가 없는 것이다.

> "육으로 난 것은 육이요, 성령으로 난 것은 영이니 내가 네게 거듭 나야 하겠다 하는 말을 기이히 여기지 말라(요 3:6)"

이러므로 우리는 예수님의 피와 말씀을 믿음으로 하나님의 성령안에서 내 영이 다시 태어나야 구원을 얻을 수 있는 것이다.

이제 당신과 나는 이 진리를 알았으니 무슨 일이 있더라도 우리의 신앙의 집을 "인간의 전적타락"과 "오직믿음"의 기초위에다 세울지언정 "인간의 행위나 노력"에다 세우지 말자.

오늘날 많은 신자들이 바로 이러한 진리의 기초공사를 소홀히 하여 신앙의 집을 짓기 때문에 조금만 낙심의 바람이 불어도 금방 흔들거리는 것이다.

자기가 뭔가 승리롭고 은혜롭게 한 주간을 살았다 싶으면 찬송이 하늘을 울리고 열심이 펄펄 끓다가도 자기가 시험에 빠지고 헷갈리기 시작하면 자기의 연약함만 바라보고 낙심에 빠져 정죄감과 죄책감을 이기지 못하고 빨리 시험의 늪에서 헤어 나오지 못하는 경우가 허다하다.

산상보훈의 다음과 같은 예수님 말씀을 기억하는가?

"그러므로 누구든지 나의 이 말을 듣고 행하는 자는 그 집을 반석위
에 지은 지혜로운 사람 같으리니...(마7:24)"

우리는 자칫 이 말씀을 대할 때 행하는 이란 단어에만 신경을 곤두세우고 읽으므로 주님의 의도를 오해하기가 싶다. 그러나 행하는 이란 단어 앞에 나오는 말씀이 더 중요하다. 나의 이 말을 듣고...주님의 말씀을 듣지 않은 채 주님과 상관없이 아무리 행위를 잘해도 그들의 구원은 반석위에 세워지지 않는다. 풍랑 일고 바람 불면 순식간에 그들의 행위에서 나

오는 구원은 무너져 내리게 되는 것이다. 예수님 시대의 바리새인들과 서기관들이 그런 자들이었다. 그들은 하나님의 아들인 구원자 예수 그리스도의 말을 전혀 들으려하지 않고 자기 맘대로 의를 세우려 하였다. 그래서 그들은 모래 위에 신앙의 집을 세운 것이다. 우리는 예수님의 말을 잘 듣고 그 분의 십자가 공로를 믿는 믿음의 행동을 하여 구원의 집을 반석 위에 지어야 한다. 주님의 십자가 외에는 나의 구원의 반석은 없기 때문이다.

그래서 찬송가 204장은 주의 말씀 잘 듣고서 그 말씀을 따라 행하는 자는 반석위에 터 닦고 집을 짓는 자와 같다고 노래한다. 이런 맥락을 잘 이해하면서 함께 204장을 찬송해 보자.

"주의 말씀 듣고서 준행하는 자는 반석위에 터 닦고 집을 지음 같아
비가오고 물나며 바람 부딪쳐도 반석 위에 세운 집 무너지지 않네.
잘짓고 잘짓세 우리 집 잘 짓세 만세반석(십자가와부활) 위에다 우
리 집 잘 짓세. 아멘."

우리는 이스라엘 백성들의 전철을 밟지 말아야한다. 그들이 왜 하나님께 배척을 당하고 이방인들이 하나님께 접붙임을 받게 되었는가? 그것은

'믿음'에 의지하지 않고 '행위'로 구원얻을 줄 알았기 때문인 것이다.

"그런즉 우리가 무슨 말하리요. 의를 좇지 아니한 이방인들이 의를 얻었으니 곧 믿음에서 난 의요, 의의 법을 좇아간 이스라엘은 법에 이르지 못하였으니 어찌 그리하뇨? 이는 저희가 믿음에 의지하지 않고 행위에 의지함이라. 부딪힐 돌에 부딪혔느니라(롬9:30-32)."

그럼에도 불구하고 오늘날 신자들 가운데는 이론적으로는 '오직 믿음'을 인정하면서도 실제에 있어서는 어느새 구원을 '믿음+행위'로 혼동하는 사람들이 너무 많은 실정이다.

초대 교회의 갈라디아 교인들이 그랬었다. 그들은 바울의 가르침을 받은 초기에는 '오직 믿음'의 교리에서 출발했는데 나중에 다른 지도자들이 이들을 지도하면서 믿음에 행위를 덧붙여 구원을 설명했던 것이다. 그래서 사도바울은 다시 그들을 위해 해산하는 고통을 해야 했으며 얼마나 복음이 왜곡되는 것이 가슴이 아팠으면, "만일 하늘에서 온 천사라도 우리가 너희에게 전해준 복음 외에 다른 복음을 전하면 저주를 받을 지어다(갈 1:8)"라고 단호하게 말했겠는가?

오늘날도 바울사도의 엄중한 책망을 들어야 할 사람들이 많이 있다. '인간의 전적타락' 과 '오직 믿음' 의 터 위에 서있지 않은 교회 안의 많은 사람들은 바울의 다음과 같은 말을 깊이 새겨 들어야만 한다.

"어리석도다 갈라디아 사람들아.
예수 그리스도께서 십자가에 못 박힌 것이 너희 눈 앞에 밝히 보이거늘 누가 너희를 꾀더냐?
내가 너희에게 다만 이것을 알려 하노니 너희가 성령을 받은 것은 율법의 행위로냐, 듣고 믿음으로냐? 너희가 이같이 어리석으냐? 성령으로 시작하였다가 이제는 육체로 마치겠느냐?(갈 3:1-3)."

마지막으로 '인간의 행위로는 아무도 구원 얻을 수 없다' 는 이 논의를 마무리 지으려 하면서 한 가지 심판의 날 일어날 광경을 소개하고 싶다. 마 7:22-23을 살펴보면 주님께서 이렇게 말씀하고 계신다.

"그 날에 많은 사람이 나더러 이르되 주여 주여 우리가 주의 이름으로 선지자 노릇하며 주의 이름으로 귀신을 좇아 내며 주의 이름으로 많은 권능을 행치 아니하였나이까 하리니 그때에 내가 저희에게 이르되 불법을 행하는 자들아 내게서 떠나가라 하리라(마 7:22-23)."

오직 믿음

이 얼마나 비극적인 장면인가? 자기 딴에는 설교자로, 능력행하는 자로, 귀신을 쫓아내고 병고치는 역사로 주님 앞에 충성 봉사했다고 생각했는데 상급은 고사하고 아예 지옥 불에 떨어지게 되었으니 이 얼마나 쇼킹한 사건인가?

그러나 조금도 의아해 할 것이 없다. 그들의 고백 속에는 구원을 얻게 하는 예수님에 대한 '믿음'의 고백은 하나도 없고 모두가 자기 행위, 자기 업적, 자기직분, 자기과시 밖에는 없으니 그들이 부딪힐 돌에 부딪히는 것은 당연한 것이다.

그들은 자신들이 전적으로 타락한 존재이며 오직 예수를 믿는 믿음으로만 구원 얻는 진리 위에 굳게 서지 못하고 자기의 율법적인 공로가, 자기의 행한 능력있는 행위가, 자기가 봉사한 수고가 구원의 보장이 되는 줄 착각하고 있었던 것이다. 한마디로 자기 기분대로 신앙생활을 하였지 예수님이 말씀하시는 대로 믿지 못하다가 뜨거운 꼴을 당하게 된다는 것이다. 하나님의 뜻대로 행하는 자라야 천국가게 되는데 하나님의 뜻은 그 아들 예수를 믿어서 구원을 얻는 것임을 우리는 잠시도 잊어서는 안되리라. 아멘.

믿음이란 예수를 바라보는 것이다

이제까지 우리는 구원은 인간의 행위에서 난 것이 아니라 오직 하나님의 선물을 믿음의 손으로 받는 것임을 보아왔다.

이제는 또다른 측면에서 믿음이란 어떤 것인가 하는 것을 살펴보자. 먼저 참된 믿음은 눈을 들어 구원자 예수 그리스도를 바라보는데서 시작된다는 점을 강조해야겠다.

구약에 이스라엘 백성이 출애굽하여 광야를 지날 때 그들이 하나님을 원망하고 불평하자 하나님은 불뱀을 보내어 저들을 벌하신 일이 있었다. 많은 백성이 사막의 무서운 독뱀에 물려 신음하며 죽어가고 있을 때 하나님은 모세에게 명하시기를 구리로 뱀의 형상을 만들어 높은 장대에 달고 백성에게 외치라고 하셨다.

"누구든지 뱀에 물려 죽어가는 자는 여기 장대 위에 매달린 놋뱀을 보아라. 그리하면 살리라"

모세의 말을 믿고 그 장대 위에 달린 놋뱀을 바라보았던 자들은 다 살

왔다. 그러나 그 말을 듣지 못했거나 혹은 들었어도 순종하는 믿음이 없어 바라보지 않았던 자들은 모두 불뱀의 독에 죽었다.

마찬가지로 옛 뱀, 곧 마귀에게 물려 죄의 독성으로 죽어가는 모든 지상의 인간들 중 십자가에 달리신 예수를 바라보는 자마다 죄씻음 받고 영원한 생명을 얻게 되는 것이다. 내 자신과 주위 환경에서부터 시선을 돌려 십자가에 우리의 죄 위해 피흘려 돌아가신 구주를 바라볼 때 어찌 죄인의 어두운 영혼에 여명이 밝아오지 않겠는가? 그래서 히브리서 기자는 우리에게 이렇게 충고하는 것이다. "그러므로 함께 하늘의 부르심을 입은 거룩한 형제들아 우리의 믿는 도리의 사도시며 대제사장이신 예수를 깊이 생각하라(히 3:1)."

그래서 어떤 성도는 이런 명언을 남겼다.

"당신이 절망하기를 원하는가?
그러면 당신 자신을 바라보아라.

당신이 근심하기를 원하는가?
그러면 주위환경을 바라보아라.

그러나 당신이 평강 얻기를 원하는가?
그러면 눈을 들어 그리스도를 바라보아라."

오! 이 글을 읽으시는 독자여. 당신은 어떻게 하여 저 유명한 영국의 설교자 스펄전 목사님이 구원의 체험을 하게 되었는지를 아는가? 그는 뼈대 있는 신앙의 가문에서 자라나 어려서부터 신앙생활을 하던 모태 신앙인이었는데 그가 16세 되던 어느 추운 겨울날 주일 저녁에 그는 평생 잊지 못할 큰 진리의 깨달음을 맛보게 되었다.

그 날은 몹시 눈보라가 치는 혹한의 겨울 밤이었는데 소년 스펄전은 자기가 다니는 교회까지 가지 못하고 도중에 조그만 오두막 교회에 들어가 예배에 참석하게 되었다. 그런데 그 오두막 교회의 담임목사님이 워낙 눈보라가 많이 쳤기 때문에 예배시간이 되어도 도착하지 못하셨다. 그 때 그 교회의 이름없는 한 평신도가 목사님을 대신하여 설교를 했는데 그는 이사야 45:22을 힘차게 낭독한 후 몇 번이고 그 말씀을 반복하는 것으로 설교를 대신했다.

"땅끝의 모든 백성아 여호와를 앙망하라.
그리하면 구원을 얻으리라.

나는 하나님이라 다른이가 없음이라.

거기 앉아 있는 청년이여!
눈을 들어 여호와를 앙망하시오.
그리하면 구원을 얻을 것이오."

이 몇마디의 심플한 설교가 스펄젼의 영혼을 움직여 그는 즉각 자신을 위해서 고난당하시고, 자신의 죄를 위해 죽어주신 그리스도 예수를 바라보게 되었고 거기에서 선명한 구원의 확신을 얻었다는 것이다.

그렇다. 사랑하는 형제여!
나는 기독교의 믿음을 설명함에 있어서 이보다 더 정확하게 설명할 방법을 알지 못한다. 그 이름 없는 평신도의 설교같이 당신도 이 시간 눈을 들어 주를 바라보지 않겠는가? 예수님은 자기를 믿는 백성을 저희 죄에서 구원하시는 분이다(마 1:21).

그 분은 바로 그 일을 위해 이 땅에 오셨고 십자가 위에서 물과 피를 다 쏟고 나신 후, "다 이루었다(요 19:30)" 하시며 운명하셨다. 무엇을 다 이루었다는 말씀인가? 바로 우리를 죄로부터 구원하는 일을 하나도 모자람

없이 다 이루었다는 말이다.

　한 청년이 목사님에게 '믿음'이 무엇인지 정확하게 설명해 달라고 질문했다고 한다. 그랬더니 목사님은 그 청년을 데리고 어느 계곡으로 가셨다. 거기에는 절벽 난간에 소나무 한 그루가 서 있었는데 목사님은 그 청년에게 그 절벽위의 소나무 위로 올라가 두 손으로 그 나무를 잡고 매달려 있으라고 했다. 그 청년은 의아해 하면서 천길 낭떨어지를 밑에 두고 두 손으로 소나무를 움켜 진 채 다급한 듯 소리쳤다.
　"목사님, 이제 그만 믿음이 무엇인지 가르쳐 주시지요"
　그때 목사님은 고개를 끄덕이며 대답했다.
　"그래 곧 가르쳐 주지. 대신 자네가 잡고 있는 그 두 손을 나무에서 떼어 놓게나."
　"예? 지금 무슨 말씀을 하시는 겁니까? 그럴 수는 없습니다. 이 손을 놓으면 저는 바로 떨어져 죽고 맙니다."

　목사님은 그 말을 듣고 청년을 나무에서 내려오게 했다. 그리고 웃으면서 설명해 주셨다.
　"믿음이란, 자네가 방금 소나무를 결코 놓지 않고 죽지않기 위해 꽉 움켜잡았듯이 예수님의 십자가를 꼬옥 붙잡고 절대로 놓지 않는 거라네."

그렇다. 바로 그것이다. 우리가 십자가를 놓쳐 버리면 그 즉시 우리는 소망을 잃고 어두움과 좌절에 휩싸이고 만다.

이제 본 장을 정리해 보자.
인간의 행위로는 그 어떤 육체라도 구원 얻을 수 없다. 오직 믿음의 법 외에는 구원의 길이 없는 것이다. 믿음이란 나의 행위가 아니라 예수님의 행위를 바라보고 그것을 의지하는 것이다.

우리의 눈을 들어 예수님의 피의 공로를 바라보자!
- 구약에 짐승의 피도 사람의 죄를 깨끗케 했거든 하물며 흠없는 하나님의 아들 예수의 피가 어찌 우리를 모든 죄에서 깨끗하게 못하겠는가?

예수님의 십자가의 죽으심을 바라보자!
- 왜 죽어야 했는가? 바로 당신의 죄를 용서하시고 당신의 심판을 대신하기 위한 것이 아니었다면 죄없는 그 분이 도대체 왜 죽어야 했겠는가?

예수님의 말씀을 바라보자!
- "건강한 자에게는 의원이 쓸데없고 병든 자에게라야 쓸데 있느니라. 내가 의인을 부르러 온 것이 아니요, 죄인을 불러 회개시키러 왔노라 하시니라(마 9:12-13)."

그리고 그 바라봄 속에서 구원의 확신을 얻고 승리와 구원을 주신 주 예수님을 찬양하자.

"웬 말인가, 날 위하여 주 돌아가셨나.
이 벌레같은 날 위해 큰 해 받으셨나.
내 지은 죄 다 지시고 못박히셨으니
웬 일인가 웬 은혠가 그 사랑 크셔라."
아멘.

④ 확신

바울은 죽기 전에 자기의 믿음의 아들 디모데에게 다음과 같이 당부했다.
"너는 배우고 확신한 일에 거하라(딤후 3:14)"

우리가 그냥 진리를 배워 단순히 그것을 알고 있는 것과 확신하는 일에 거하는 것은 큰 차이가 있다. 사실 아무리 놀라운 영적진리를 깨달았다고 해도 실제로 그것을 자기의 삶에 적용시켜 그 진리가 빛을 발하지 못한다면 그 진리를 모르는 것이나 별 다를 바가 없는 것이다. 아무리 구원은 오직 믿음으로 얻는다는 진리를 머리에 잘 이해했다고 해도 실제로 자기의 삶에 있어서 그 진리가 방패가 되고 힘이 되고 살과 뼈가 되지 않는 신자는 어느새 그 진리를 놓쳐 버리기가 쉽고 낙담의 구렁텅이게 빠져 불안해 하며 두려워하는 경우를 많이 당하게 된다. 이런 신자에게 의인은 오직 믿음으로 말미암아 산다는 진리는 아무런 효과를 나타내지 못한다. 그는 단지 그 진리를 들을 때에만 기뻐하고 확신하지 실제의 삶에 적용시킬 줄을 모르는 것이다.

진리는 아련히 머릿속에 머물러 있을 뿐 자기의 삶의 능력이 되지 못한다. 그러다보면 나중에는 그 진리 자체까지 다시 의심하게 되고 회의를 품게 된다.

하와는 왜 에덴동산에서 마귀의 유혹에 빠져 범죄 했던가? 그것은 하나님의 말씀을 확실하게 붙잡고 있지 못하고 어렴풋이 잡고 있었기 때문이다. 분명히 하나님은 창 2:17에서,

"선악을 알게하는 나무의 실과는 먹지 말라.
네가 먹는 날에는 정녕 죽으리라"고 말씀하셨다.

그러나 하와는 이 말씀을 굳게 마음속에 심어두지 못 했다.
그래서 마귀가 찾아와 선악과를 따 먹어도 결코 죽지아니하리라고 유혹했을 때 그녀는 그만 넘어지고 말았던 것이다.

오늘날도 마찬가지다. 아무리 '오직 믿음으로' 의 진리를 하나님이 말씀하셨어도 마귀가 생활의 약점을 이용하면서 정죄(定罪)의식과 죄책감을 주기 시작하면 어느새 진리를 놓쳐 버리고 마귀의 노리개감이 되어 버리는 것이다. 하나님은 마귀를 물리칠 수 있는 날카로운 검을 내 손에 들려 주셨

는데 나는 마귀의 속임수에 속아 슬그머니 그 검을 놓아버리는 것이다.

진리의 검을 놓쳐버린 신자는 마귀에게 농락당할 수밖에 없다. 마귀를 이기는 길은 오직 진리의 검을 쥐어들고 휘두르는 것이다. 그러면 백발백중 마귀는 도망간다. 그러나 당신이 진리를 움켜쥐려 하지 않고 엉뚱한 것으로 무기를 삼으려 한다면 당신은 결코 반석 위에 설 수 없다.

그래서 진리를 배운 것 뿐 아니라 확신한 일에 거하는 것이 무엇보다도 중요한 것이다. 진리를 확신하고 있는 사람은 좀처럼 마귀의 속임수에 넘어가지 않는다. 그는 진리의 검을 단단히 쥐고 있기 때문이다.

죄 용서받은 확신

주 예수를 믿으면 누구나 그 믿음으로 말미암아 죄사함을 받는다. 주 예수를 구주로 영접하고 사는 자는 그의 과거의 죄와 현재의 죄와 미래의 모든 죄가 이미 다 용서 받았다는 사실을 확신해야 한다. 하나님은 그 어떠한 죄인이라도 예수를 자기의 주님으로 고백하는 자는 그 죄를 인정치 않으신다(롬 4:9)고 하셨다. 하나님의 말씀은 사실이다. 그러나 의외로 많은 신자들이 이 확신을 갖지 못하고 신앙생활을 하고 있는 실정이다.

이 글을 읽고 있는 독자여, 당신은 어떠한가?

언젠가 한 형제가 이런 고백을 하는 것을 들었다.

"저는 가끔 내 자신이 가룟유다가 아닌가 하는 절망스런 생각이 듭니다. 가룟유다는 예수님의 열두 제자 가운데 한 사람이었지만 결국 그는 사탄의 조종을 받아 예수님을 팔아 먹지 않았습니까? 저도 교회에서 직분까지 맡아 신앙생활 하면서도 때로는 불신자보다 더 악한 죄악에 빠질 때가 있습니다. 그럴 때는 얼마나 괴로운지…
나중에는 결국 나도 지옥에 떨어지지 않을까 하는 공포심이 나를 장악하게 되고 깊은 절망의 늪에서 허우적 거릴 때가 많습니다."

이것이 바로 사탄의 공격법이다. 이 형제는 어느새 오직 믿음이라는 진리의 검을 놓치고 있는 것이다. 그래서 그의 죄가 이미 다 용서되어 구원받는 일에 더 이상의 수속이 필요치 않음을 잊어버리고 있는 것이다. 살길은 단 한 가지 방법밖에 없다. 진리의 검을 다시 들어야 한다! 말하자면 주 예수를 믿는 자는 이미 단번에 그의 모든 죄가 하나님으로부터 용서받았기 때문에 천국 가는 길에 그 무슨 일을 당하더라도 구원은 흔들릴 수 없다는 복음진리를 굳게 믿고 확신해야 한다는 것이다. 그럴 때 마음을

확신

어둡게 하는 마귀의 세력은 물러가게 된다.

　오천석씨가 쓴 책 가운데 '노란 손수건' 이란 책이 있다.
　감동 깊은 실화(實話)를 모아 놓은 책인데 거기에 이런 이야기가 있다. 미국에서 있었던 이야긴데 어떤 목사님이 기차를 타고 시골여행을 하고 있었다. 그런데 앞 좌석에 한 젊은이가 앉아 계속 차창 밖을 쳐다보며 눈물을 흘리고 있는 것이었다. 목사님은 이상해서 그 청년에게 물어 보았다.
　"젊은이, 무슨 가슴아픈 사연이 있는 모양인데 나에게 얘기해 줄 수 없겠나?"
　그 청년은 일그러진 슬픈 얼굴로 목사님께 사정얘기를 털어 놓았다. 자기는 약 7년 전에 부모님과 같이 시골에 살며 고등학교에 다녔었는데 어느 날 밤에 아버지가 모아 둔 돈을 몽땅 훔쳐서 먼 도회지로 가출해 버렸다는 것이다. 그 후 그 돈으로 작은 사업을 해서 기반을 잡으려고 했는데 그것이 뜻대로 되지 않아 결국 사업이 망하게 되었고 자기는 빈 손밖에 없는 알거지가 되었다는 것이다. 그래서 다시는 시골 집에 돌아갈 기회를 얻지 못하고 도심의 뒷골목에서 방황하다가 결국 그동안 시골 부모님께 지은 죄가 너무 가책이 되어 바로 며칠 전에 7년만에 시골 부모님께 편지를 썼다는 것이었다.

"어머니, 아버지, 불효한 자식 이제야 소식드립니다. 그동안 부모님의 가슴에 못만 박은 이 못난 자식, 아버지의 피땀 어린 돈 몰래 훔쳐와서 몽땅 날려 보내고, 이제 뒷골목에서 방황하다가 더 이상 견딜 수 없어 연락드립니다. 부모님이 이 편지를 받은 그 다음 날 저는 기차를 타고 시골 집 근처를 지나 갈 것입니다. 죽기 전 마지막으로 고향 집을 보고 싶기 때문입니다. 나의 따뜻한 어린 시절의 추억이 담긴 고향 집을 보고 난 후에는 저는 곧 열차에서 몸을 던져 이 세상을 하직하겠습니다.

-불효자식 드림

※ P. S : 혹시 저를 용서하시고 맞아 주시기를 원하신다면 저희 집 감나무 위에 노란 손수건을 하나 매달아 주십시오.

목사님은 그 청년의 얘기를 진지하게 듣고는 미소를 지으며 등을 두들겼다. "이 사람아 걱정말게. 틀림없이 노란 손수건을 매달아 놓았을 걸세."

드디어 기차가 그 청년의 고향 집 근처를 지나가게 되었다. 청년은 차마 쳐다보지 못하고 가만이 고개를 숙이고 있는데 목사님이 창밖으로 고개를 내밀고 자세히 그 청년의 집을 살펴 보았다.

확신

아! 그런데 이게 웬일인가? 그 청년의 집 감나무에는 수백 개의 노란 손수건이 만국기처럼 나부끼고 있는 것이 아닌가!

사랑하는 독자여.
당신도 그 청년처럼 자기의 죄책으로 인해 모든 것을 포기하려고까지 한 적이 없는가?
이미 하나님이 주를 믿는 자들의 죄를 다 용서하셨건만 하나님으로부터 버림 받았다는 낙담에 사로잡힌 적은 없는가? 하나님은 그러한 자들을 위해서 모든 사람이 눈으로 보고 확인할 수 있도록 용서의 표시인 노란 손수건을 분명히 걸어놓으셨다. 바로 갈보리 언덕위에 예수님의 십자가인 것이다.

하나님은 인류의 죄를 용서하신다는 표시로 자기 아들을 인간 세상에 보내셔서 우리를 대신하여 죄의 심판을 받게 하셨다. 모든 인류의 죄를 용서하시는 하나님의 표현을 주님은 십자가 위에서 자기의 생명의 피로 연출했던 것이다. 갈보리 언덕에 피흘리신 예수님의 모습을 보라! 거기 하나님이 나의 모든 죄를 용서하셨다는 뜨거운 사랑의 손짓이 보이지 않는가?

확신

　누구든지 그 용서의 손짓을 보고 하나님 앞에 나가기만 하면 구원을 얻는다. 값없이 주시는 은혜 거절하지 말자.

　당신의 죄사함 받은 확신이 흔들릴 때 마다 하나님의 용서의 손수건인 갈보리 십자가를 바라보라. 그래도 당신이 죄 용서 받은 확신이 생기지 않는다면 당신은 바보이다. 그 처절한 하나님의 용서의 몸짓을 보고도 당신이 절망한다면 나는 더 이상 할 말이 없다.

　필자가 대학교 다닐 때의 일이다. 한번은 심히 죄 때문에 고민이 되어 견딜 수 없었다. 중, 고등부를 교회에서 지도하는 교사였지만 정말 나는 나의 이중인격에 환멸을 느끼지 않을 수 없었다.
　회개할 마음도 일어나지 않았다. 회개를 어디 한, 두 번했던가? 그런 마음상태다 보니 어둠 속에서 마음이 강퍅해 지고 죄에 대한 저항력도 잃어 버리고 죽은 물고기가 물에 떠밀려 다니듯 육신이 이끄는대로 끌려 다녔다. 시험에 들고보니 나중에는 하나님을 향해 은근히 화가 났다. 왜 마귀는 밤낮을 안가리고 나를 공격하는데 하나님은 나를 안 지켜 주시는가? 내게 계신 성령님은 낮잠 주무시는가?
　깊은 흑암 속에서 나온 불만이었기에 망령된 생각도 서슴치 않았던 것이다. 그러다가 지쳐서 밤중에 예배당으로 향했다. 몇 분의 성도들이 기도하고 있었다. 나는 의자 위에 무릎을 꿇고 고개를 떨군 채 한 시간 이상을 아무 말 없이 눈을 감고 있었다. 그 어떤 기도도 나오지 않았다. 나 자신에 대한 미움과 경멸, 그리고 언제까지 이처럼 다람쥐 쳇바퀴 도는 말짱 도루묵 생활을 해야 하는가 하는 답답함 등이 온통 나의 뇌리를 어지럽게 했다. 예수 안 믿는 사람들이 차라리 더 행복할 것 같다는 생각이 들기도 했다. 그러한 자책감과 괴로움에 몸서리치며 아무 소리없이 꿇어앉아 어둠 속에서 끙끙 앓고 있었는데 몇몇 기도하는 성도들은 찬송을 부르기도 하고 큰 소리로 뜨겁게 기도하기도 하였다. 나는 그런 소리를 들으면서 코웃음 치며 냉소했다.

"그러한 기도와 찬송이 무슨 소용이 있단 말인가? 나도 지금껏 수없이 해 보았다. 그러나 결국 나를 굳게 세워 주지는 못했지. 더이상 그런 생활을 나는 반복하기 싫다……."

그런 자기연민과 자포자기의 심정이 뒤엉키며 나는 더욱 고개를 떨구었다. 그때였다. 내 마음 속에 부지불식간에 이런 하나님의 음성이 울려 퍼졌다.

"입장을 바꿔놓고 생각해보라!"

오, 독자여. 그 고통의 밤, 그 한마디 내 마음 속에 들려진 성령님의 음성이 얼마나 나의 어두운 영혼을 밝게 비추었는지 아는가?

  나는 즉각 그 말의 의미를 이해했다. 그래서 나는 이렇게 입장을 바꿔서 생각해 보게 되었다.

> "만일 내가 양 다섯 마리를 기르는 목자라고 하자. 그래서 내가 양들에게 이르기를 나를 따라 올 때는 한 눈 팔지 말고 설사 길가에 좋은 풀이 있더라도 절대로 목자인 내가 먹으라고 하기 전까지는 풀을 뜯어 먹지 말라고 엄중히 명령했다. 그런데 양 한 마리가 나를 따르다가 욕심이 생겨 시험에 들었다. 결국 목자의 말을 어기고 길가의 독한 풀을 뜯어 먹어 버렸다. 즉시 그 양은 뱃속에 독(毒)이 스며들어 뒹굴며 신음 하며 죽어가고 있었다. 자, 그럴 때 그 양의 목자인 나는 어떻게 하겠는가? '옳지, 잘 됐구나. 내 말 안 듣더니 너는 죽어도 싸다 싸. 그게 심판이라구. 얼른 뒈져라.' 이렇게 하겠는가? 솔직히 말해 절대 나는 그 양에게 그렇게 하지 않을 것이다. 지금 꾸중하고 나무랄 때가 아니다. 깜짝 놀라서 약을 먹이고 수술을 하고 모든 수단을 다 써서 그 양을 살리려 할 것이다. 그리고 잠도 제대로 못자고 그 양 곁에 앉아 간호할 것이다. 왜? 내 양이니까 말이다. 미워도 고와도 내 양이다…나의 재산인 것이다."

  여기까지 생각이 미쳤을 때 내 마음 속에 다음과 같은 깨달음이 빛을 발했다.

"그래, 너 같은 인간도 자기 양을 그렇게 대하거든 그러면 너의 선한 목자 예수님은 어떠하시겠는가? 너는 그의 기르는 양이다. 그분은 너의 선한 목자이다. 양(羊)된 네가 죄악의 풀을 뜯어먹고 죽어가려 할 때 과연 선한 목자 예수님이 가만 보고만 있겠는가? 아니다. 그 분은 너를 살리기 위해서 자기 생명을 버렸다. 자기 양을 살리는 길은 목자의 생명의 피를 흘리는 길밖에 없었기 때문이다. 그래서 그 분의 죽음으로 너의 생명을 영원히 보장하신 것이다."

이와같은 깨달음의 음성이 들리던 그 날 밤, 나는 감격하여 요 10:10-15의 말씀을 생각하고 또 생각했다.

"도적이 오는 것은 도적질하고 죽이고 멸망시키려는 것뿐이요, 내가 온 것은 양으로 생명을 얻게 하고 더 풍성히 얻게 하려는 것이라. 나는 선한 목자라. 선한 목자는 양들을 위하여 목숨을 버리거니와 삯군은 목자도 아니요, 양도 제 양이 아니라. 이리가 오는 것을 보면 양을 버리고 달아나나니 이리가 양을 늑탈하고 또 헤치느니라. 달아나는 것은 저가 삯군인 까닭에 양을 돌아보지 아니함이나 나는 선한 목자라. 내가 내 양을 알고 양도 나를 아는 것이 아버지께서 나를 아시고 내가 아버지를 아는 것 같으니 나는 양을 위하여 목숨을 버리노라. 아멘.(요 10:10-15)."

양을 위하여 목숨을 버리신 선한 목자 예수님!
나는 그러한 성경구절을 그 전에도 익히 잘 알고 있었으나 그 날 밤만큼 선명하고 확실하게 깨달은 적은 없었다. 아예 처음 듣는 말씀처럼 신선했다.

"아 그렇구나. 입장을 바꿔놓고 생각해 보아야 하는구나.
나는 죄악된 나의 입장만 생각했지 목자의 입장에서 생각해 보지를 못했었구나. 나의 선한 목자 예수님이 내가 죄 때문에 괴로워하고 죽어가는 것을 그냥 보고만 있을 분이 아니신지라 그 분은 나를 위해서 영원한 조치를 취하신 것이다.
자기 생명을 버리심으로 나의 모든 죄값을 단번에 치르셔서 이제는 그 어떤 죄도 나를 사망이나 심판으로 이끌고 갈 권리가 없도록 만들어 버리신 것이다.
아, 나의 모든 죄는 다 사해졌다! 주님의 피 값으로! 나의 과거의 죄와 현재의 죄와 미래의 모든 죄까지 다 합쳐서 주님은 그 죄값을 단번에 지불해 버린 것이다. 자기 양들을 얼마나 사랑하셨으면 그토록 철저한 구원의 조치를 생명을 바쳐 이루어 놓으셨을까!……"

나는 주님의 사죄의 은총이 너무 감사해서 그 날 밤 목이 쉬도록 한 가지 찬송만 불러댔다.

"나같은 죄인이 용서함 받아서 주 앞에 옳다함 받음은
내 공로 아니요 어린양 예수의 그 피로 속죄함 얻었네.

속죄함 속죄함 주예수 내 죄를 속했네
할렐루야 소리를 합하여 함께 찬송하세
그 피로 속죄함 얻었네.

금이나 은같이 없어질 보배로 속죄함 받은 것 아니요
거룩한 하나님 어린양 예수의 그 피로 속죄함 얻었네.

속죄함 속죄함 주예수 내 죄를 속했네.
할렐루야 소리를 합하여 함께 찬송하세
그 피로 속죄함 얻었네.

마음에 가득한 의심을 버리고 지극히 화평한 맘으로
찬송을 부름은 어린양 예수의 그 피로 속죄함 얻었네.

속죄함 속죄함 주예수 내 죄를 속했네

할렐루야 소리를 합하여 함께 찬송하세
그 피로 속죄함 얻었네 아멘. 아멘. 아멘."

불러도 불러도 못 다 부를 뜨거운 감격의 찬송이다. 나는 선한 목자 되신 예수님의 피 값으로 비싸게 산 몸이 되었다.

구약에 염소나 송아지의 피도 그 사람의 죄를 씻었거든 하물며 의로우신 주님이 날 위해 쏟아주신 그 사랑의 피가 어찌 나를 모든 죄에서 깨끗하게 못한단 말인가?

하나님은 이제 예수의 피 아래 있는 자들은 그 어떤 죄인이라도 다 용서하시고 깨끗하다고 인정하신다.

"저희 죄와 저희 불법을 내가 다시 기억하지 아니하리라 하셨으니 이것을 사하셨은즉 다시 죄를 위하여 제사 드릴 것이 없느니라. 아멘(히 10:17-18)"

안식년 때 한국 방문시 부산에서 있었던 잊지못할 일이 있다. 나는 고속터미널에서 송도까지 택시를 타고 가게 되었는데 택시 안에서 그 운전사를 전도하기 위해 여러가지 대화를 나누면서 예수 믿을 것을 권유했다. 그런데 그 운전수가 하는 말이 놀라웠다.

"저도 작년까지만 해도 서울 큰 교회에 집사의 직분을 맡아 충성했던 사람입니다."

"예? 아니, 그럼 부산에 와서는 교회에 안 나가신단 말입니까?"

나는 의아해서 물었다. 그랬더니 그 운전기사는 한참 말이 없다가 숙연한 음성으로 자신의 괴로움을 털어 놓는 것이었다.

"사실은 저도 누구 못지않게 열심히 교회 봉사를 하던 사람이었습니다. 그런데 그만 다른 여자 분과 실수를 저질러서 아내에게 간통죄로 고소를 당하게 되었지요.
그래서 있던 재산과 사업을 다 정리하여 위자료로 배상 해 주고 이혼을 했고 가족들이나 친구, 교인들을 볼 면목이 없어서 이렇게 부산으로 내려왔는데 별로 할 일이 없고 해서 이렇게 운전대를 잡고 있습니다. 교회에 나가려고 했지만 너무 크고 무서운 죄책감이 나를 억눌러 아예 포기하고 말았지요. 나는 완전히 파멸하여 버린 것입니다. 친구들은 나를 욕하고 교회와 하나님까지 비난하니 정말 저는 견딜 수가 없었습니다. 때로는 자살을 생각해 보았지만 지옥이 무서워서…"

얼마나 괴로웠으면 그 수치스런 죄의 상처를 생면부지인 손님에게 털어놓았겠는가? 나는 비장한 어조로 그 분에게 질문을 드렸다.

"선생님, 예수라는 이름의 뜻을 아십니까?"

"물론 알지요. 자기 백성을 저희 죄에서 구원할 자라는 뜻 아닙니까"

"맞습니다. 잘 아시네요. 그러면 그 예수님을 의지하고 담대하게 다시 회개하고 은혜의 보좌 앞으로 나가셔야지요"

그랬더니 그 분이 씁쓸한 표정을 지으면서 말했다.

"죄도 웬만한 죄를 지었어야지요. 저는 7계명을 범한 사람입니다. 그것도 교회집사가 되어가지고……"

그는 아예 포기한 듯 비통한 표정이었다.

"아니, 그렇다면 예수님의 죽음의 효과가 죄의 경중(輕重)에 따라 달라진단 말입니까?
예수님이 만일 작은 죄는 용서하시고 크고 무거운 죄는 용서하실 수 없다면 어떻게 그 분이 죄인들의 구주가 되겠습니까? 선생님이 안 믿겠다면 할 수 없지만 제가 생명 걸고 보증하니 예수께서 믿는 자들의 모든 죄를 용서하신다는 것을 믿으십시오. 그 어떤 죄라도 예수님의 피 앞에 대항할 죄목은 없습니다. 어서 빨리 은혜의 보좌 앞으로 가세요."

나는 강경한 어투로 예수님의 피의 공로를 강조했다. 그랬더니 그 분은 그래도 용기가 안 나는 듯, "이미 엎질러진 물인데…" 하는 것이었다.

"선생님! 예수님의 사죄의 능력을 믿으십시오. 주님께서는 우리가 우리의 죄로 인해 이미 엎질러진 물처럼 어쩔 수 없이 심판을 기다리고 있을 때 우리에게 오셔서 그 심판을 대신 당해주심으로 우리가 엎지른 물의 결과를 해결해 주셨습니다. 그래서 에베소서 1장7절에 '우리가 그리스도 안에서 그의 은혜의 풍성함을 따라 그의 피로 말미암아 구속(救贖) 곧 죄사함을 받았으니'라고 하신 것입니다. 여기서의 구속이란 댓가를 지불하고 사서 자유롭게 해 주는 것을 뜻하는데 주님께서 자기의 생명으로 우리의 죄 값을 다 지불해 버리시고 우리를 사셔서 하나님의 자녀로 만들어 주신 것입니다. 예수님의 피 값보다 선생님의 죄가 더 무겁고 클 수가 있겠습니까? 예수님의 생명의 값을 정말 그렇게 보잘것 없이 계산하시렵니까?"

안타깝게 전했더니 그제야 그 운전수는 "정말 그럴까요? 나같은 자에게도 아직 기회는 있는가요?" 라고 거듭거듭 물어왔다.

"물론입니다. 만일 선생님에게 더 이상 기회가 없다면 죄인 중의 괴수라고 했던 사도 바울부터 우선 구원 받지 못할 것 아닙니까?"

어느덧 목적지까지 이르렀고 내가 송도에서 택시 요금을 지불하고 손을 흔들었을 때 그 분의 얼굴에는 소망의 빛이 역력함을 읽을 수 있었다.

사랑하는 독자여!
나는 지금 그 운전수를 설득시키던 것처럼 당신을 주님의 피공로 앞으로 인도하고 싶다. 성경 히브리서 9장 22절에는 '피 흘림이 없은 즉 사(赦) 함이 없느니라' 고 했다. 그래서 예수님은 땅 위에 오셨고 십자가 지시기 전날 밤 제자들을 모아 성찬을 하시면서 잔을 가지사 사례하시고 제자들에게 주시며, "너희가 다 이것을 마시라. 이것은 죄사함을 얻게 하려고 많은 사람을 위하여 흘리는바 나의 피 곧 언약의 피니라(마 26:27-28)"고 하셨던 것이다.

나와 당신에게 죄 사함을 주시려고 언약의 피를 흘려주신 선한 목자 예수님! 우리는 바로 그 분이 친히 기르시는 양들이기에 양의 큰 목자이신 우리 주 예수를 영원한 언약의 피로 죽은 자 가운데서 살리신 평강의 하나님(히 13:20)의 축복을 받고 있는 것이다.

이 가슴 벅찬 사죄의 은총을 누리지 못하고 오늘 이 시간도 얼마나 많은 신자들이 자신의 죄와 허물만 쳐다보고 절망 속에 있는가? 그들은 자신의 행위에서 눈을 돌리지 못한다. 믿음의 의미가 무엇인지 모르는 것이다. 의인은 오직 믿음으로 사는 것임을 그들이 언제쯤 알까? 그들은 자신의 죄의 짐을 자기가 지고 괴로워하면서도 그 짐을 주님께 맡길 줄 모른다.

"수고하고 무거운 짐 진 자들아 다 내게로 오라. 내가 너희를 쉬게 하리라(마태복음 11:28)" 하신 주님의 말씀을 그들은 머리로만 알지 능력으로 알지 못하는 것이다.

확신

자기의 사랑하는 애인이 배가 고파 죽어가고 있다. 남자 주인공은 안타까워서 밖에 나가 자기의 피를 팔아 그녀를 위해 빵을 구해 왔다. 그런데 그녀는 빵을 거절하고 죽으면서 이렇게 말했다면 어찌되는가?

"나는 당신이 나를 그토록 사랑한다는 것은 잘 압니다. 저도 당신을 사랑합니다. 그러나 나는 도저히 이 빵만은 먹을 수 없습니다. 나는 그럴 만한 자격이 없거든요. 나는 당신의 피로 산 이 빵을 먹을 만한 여자가 못돼요. 그래서 못 먹겠습니다." 그리고는 끝까지 굶어서 죽어버렸다.

자, 이 얼마나 어처구니없는 장면인가? 그러나 오늘날도 그러한 자들이 심지어 교회 안에도 많이 있다. 자기 죄가 너무 더러워서 예수님의 피의 댓가를 받을 자격이 없다고 주저하는 사람들 말이다. 그것은 겸손이 아니다. 그것은 양심적인 태도도 아니다. 단지 그것은 예수님의 그 뜨거운 사랑을 외면하는 불신(不信)일 뿐이다. 사랑 앞에 무슨 자격이 튀어 나온단 말인가?

지금 예수를 그리스도로 부르고 주여, 주여 하면서도 죄 용서 받은 사실을 믿지 못하고 죄 짐을 지고 괴로워하는 자들이여!

여러분은 어떤 무식한 시골 할머니의 웃지 못 할 에피소드를 들어 본적이 있는가? 어떤 시골에서 할머니가 무거운 짐을 머리에 이고 길을 걷고 있었는데 외국 선교사님이 차를 몰고 가시다가 그 할머니를 태워 주었다. 그래서 그 할머니의 목적지까지 다 와서 이제 내리시라고 뒤를 돌아보니까 아직도 그 할머니는 뒷 자석에 앉아 머리에 그 무거운 보따리를 이고 있는 것이 아닌가! 그래서 왜 그 물건을 내려놓지 않으셨냐고 물으니, "아, 선교사님. 나에게 차를 태워 주신 것만도 고마운데 어떻게 제 보따리까지 내려놓겠어요?" 하더라는 것이다.

이 이야기는 오늘 날 속죄의 진리를 알지 못한 채 자기의 모든 죄가 사함 받은 것을 모르고 여전히 죄 짐을 자기가 지고서 끙끙대는 신자들에게 들려져야 한다.

그와 같은 신자들은, "아, 나를 천국 보내 주는 것만도 감사한데 죄 짐까지 내려 놔서야 되겠습니까?" 하는 자들이다.

성경은 '오늘날 너희가 하나님의 말씀을 듣거든 무지한 말이나 노새 같이 너희의 마음을 강퍅케 말라(히브리서 3:7)' 고 경고하고 있다. 이제 우리 순순히 죄인 된 모습 그대로 십자가 앞으로 가자. 주님은, "오라, 우리가 서로 변론 하자. 너희 죄가 주홍같이 붉을지라도 양털같이 되리라 (사1:18)"고 하시며 부르신다.

이제 우리에게는 갈보리 언덕의 확실한 사면장(赦免壯)이 있기에 그 어떤 우리 죄를 송사하는 고소장도 맞설 수 없다.

"여호와는… 우리 죄를 따라 처치하지 아니하시며 우리의 죄악을 따라 갚지 아니하셨으니 이는 하늘이 땅에서 높음같이 그를 경외하는 자에게 그 인자하심이 크심이로다.
동이 서에서 먼 것 같이 우리 죄과를 우리에게서 멀리 옮기셨으며 아비가 자식을 불쌍히 여김같이 여호와께서 자기를 경외하는 자를 불쌍히 여기시나니 이는 저가 우리의 체질을 아시며 우리가 진토임을 기억하심이라. 아멘 아멘(시편 103:8~14)."

함께 찬송 한 장 하고 다음 주제로 나아 갔으면 좋겠다.

538장 죄 짐을 지고서 곤하거든

"죄 짐을 지고서 곤하거든 네 맘속에 주 영접하며
새사람 되기를 원하거든 네 구주를 영접하라

확신

의심을 다 버리고 구주를 영접하라
맘 문 다 열어놓고 네 구주를 영접하라

정결케 되기를 원하거든 네 맘속에 주 영접하며
생명수 마시기 원하거든 네 구주를 영접하라

의심을 다 버리고 구주를 영접하라
맘 문 다 열어놓고 네 구주를 영접하라

진실한 친구를 원하거든 네 맘속에 주 영접하며
네 맘에 평안을 원하거든 네 구주를 영접하라

의심을 다 버리고 구주를 영접하라
맘 문 다 열어놓고 네 구주를 영접하라

즐거운 찬송을 하려거든 네 맘속에 주 영접하며
평안한 복지에 가려거든 네 구주를 영접하라

의심을 다 버리고 구주를 영접하라
맘 문 다 열어놓고 네 구주를 영접하라"

의인된 확신

"그런즉 아담 한 사람의 범죄로 많은 사람이 정죄에 이른 것 같이 (예수님의) 의의 한 행동으로 많은 사람이 의롭다 하심을 받아 생명에 이르렀느니라(로마서 6:18)". 아멘-

우리는 나에게 잘못한 사람을 용서해 줄 수는 있다. 그러나 그 사람을 깨끗하고 의롭게 할 수는 없다. 그런데 우리 주님은 놀라운 분이시다. 죄인 된 우리를 용서해 주실 뿐만 아니라 의의 옷을 입혀 주시는 분이기 때문이다.

여기에 말로 다 할 수 없는 은혜의 감격이 있다. 나의 죄를 용서해 주신 것만 해도 감사한데 의의 세마포를 입혀 주시다니! 마치 집나간 탕자가 돌아왔을 때 그 아들의 죄를 용서해 주시고 금가락지, 세마포로 단장 시키던 아버지처럼 우리가 믿는 그리스도 예수는 나의 죄를 용서할 뿐만 아니라 '의인' 이라 칭함 받게 하기 위해서 고귀한 피를 흘리셨다. 오, 이 큰 사랑을 무슨 염치로 감당할까? 그저 고개 숙여 그 분께 경배하고 찬양할 뿐이다.

주님은 우리가 의로운 자라 일컬음을 받지 않고는 결코 하나님과 화목

할 수도 없고 하나님과의 가족 관계도 맺을 수 없다는 것을 잘 아셨던 분이다. 그래서 자신의 생명을 팔아 나에게 의인의 하늘지위를 사 주신 것이다. 이것이 성경 로마서의 핵심교리요(복음에는 하나님의 의가 나타나서...롬1:17), 기독교 복음의 큰 기둥이다.

고려신학 대학원의 길성남 교수는 오직 믿음으로 의롭다 하심을 얻는다는 이신칭의(以信稱義)교리는 교회의 서고 넘어짐을 결정할 만큼 중대한 진리라고 역설했다. 루터는 이 교리가 없으면 하나님의 교회는 한 시간도 존재할 수 없다고까지 하였다. 칼빈도 이 교리를 기독교를 떠 받치는 주축이라고 하였다. 칼빈 당시의 로마 카톨릭 교회는 인간에게 구원을 얻을 만한 어느 정도의 능력이 있다고 주장하였는데 인간의 자유의지가 원죄로 인해 약해지기는 했어도 완전히 소멸되지는 않았다는 것이다. 따라서 인간은 하나님의 은총과 협력하여 의인이 될 수 있다고 가르쳤다. 로마 카톨릭 교회는 칭의를 의화(義化)라고 하는데 이것은 일종의 신과 인간의 협력적 구원론인 셈이다. 이에 대해서 칼빈은 인간의 철저한 타락과 부패를 강조하면서 칭의가 전적으로 하나님의 은혜로 말미암는다고 하여 하나님 단독적 구원론을 주장하였다.

칼빈에 따르면 칭의는 죄인에게 그리스도 예수의 의를 전가함으로 죄를 용서하고 그를 의인으로 선언하시는 하나님의 은혜로운 법적 행위다. 칼빈의 칭의 이해는 법정적인 것이다. 의로우신 재판장이신 하나님께서 죄인에 대하여 무죄를 선고하신다는 말이다! 하나님의 의의 선언을 통해 성도가 받는 것은 본성의 완전함이 아니라 법적인 의의 신분이다.

이렇게 믿는 자에게 선물(실로 엄청난 선물이다!)로 주어진 의로운 신분 때문에 우리는 그 거룩하신 하나님을 두려움 없이 아바 아버지라 부르며 담대하게 기도할 수 있게 되었고 구원의 확신과 양심의 평안을 누릴 수 있게 된 것이다.

그런데 오늘날 많은 신자들이 이러한 진리를 깊이 모르고 신앙생활을 하는 경우가 허다하다. 마치 사도바울이 에베소에 가서 그 곳 교인들에게 '너희가 믿을 때에 성령을 받았느냐?'고 묻자 '우리는 성령이 있음도 듣지 못하였노라'(사도행전 19:1~2)고 하던 것처럼 오늘 한국교회의 많은 신자들이 자신의 의인된 법적 신분에 대해서 깊은 이해를 못하고 있는 실정이다.

모두가 기도할 때마다 '죄인' '죄인'을 열 번이고 백번이고 외치면서도 주님이 피로 값 주고 사 주신 '의인된 신분'은 거의 감사하지 않는다.

확신

이러한 교회 안의 진리의 빈약 때문에 소위 '구원파' '기쁜소식선교회' 같은 이단들이 생겨 교회의 뿌리를 위협하고 마치 기성교회는 진리의 소경들만 있는 것처럼 사람들을 미혹 한다. 그러나 우리는 성령의 빛 안에서 그런 교묘한 이단들을 경계하고 복음의 핵심 교리들을 자주 설교하고 가르칠 필요가 있다.

전라남도 시골교회에서 실제로 있었던 이야기이다.
주일 저녁 예배 시간에 그 교회 전도사님께서 설교하시면서 모든 신자는 믿음으로써 의롭게 되었으니 이제 하나님이 보시기에 철저한 의인의 신분이라고 강조하였다. 그런데 이 설교를 듣고 있던 권사 한분이 갑자기 설교 도중에 일어나서 이의를 제기했다.

"전도사님. 우리는 분명 죄인인데 왜 의인이라고 잘못 가르치십니까? 성경의 진리대로 올바로 가르치십시오."

그 전도사님은 깜짝 놀라 설교를 중단하고 교인을 바라보니 바로 다름 아닌 기둥 같은 그 교회의 권사님이었다. 신앙 경력도 많고 성경도 일 년에 7-8독을 하는 그런 분이었다. 갑자기 분위기는 이상해 졌고 다른 교인들은 어리둥절해 있는데 이제 그 권사님과 전도사님 사이에 치열한 성경

해석 공방전이 벌어졌다.

　그 권사님은 로마서 3:10을 들이대면서, '의인은 없나니 하나도 없다' 고 설파했다. 전도사님도 로마서로 대항하면서 '의롭다 하신 이는 하나 님이시니 누가 정죄하리요(롬 8:33-34)' 하고 외쳤다. 다시 권사님이 이번 에는 구약을 낭독하면서 소리쳤다.

　"사람이 무엇이관대 깨끗하겠느냐. 여인에게서 난 자가 무엇이 관 대 의롭겠느냐. 하나님은 그 거룩한 자들을 믿지 아니하시나니 하 늘이라도 그의 보시기에 부정하거든 하물며 악을 짓기를 물 마심같 이 하는 가증하고 부패한 사람이겠느냐"(욥기 15:14-16).

이에 전도사님도 구약으로 맞섰다.

　"나의 대적이여 나로 인하여 기뻐하지 말지어다. 나는 엎드려 질지 라도 일어날 것이요, 어두운데 앉을지라도 여호와께서 나의 빛이 되실 것임이로다. 내가 여호와께 범죄 하였으니 주께서 나를 위하 여 심판 하사 신원하시기 까지는 그의 노를 당하려니와 주께서 나 를 인도하사 광명에 이르게 하시리니 내가 그의 의(義)를 보리로다 (미가 7:8-9)."

이렇게 한참 논쟁이 벌어지니 그만 결론이 나지 않고 예배가 엉망이 되어 버렸다는 것이다. 참으로 안타까운 얘기가 아닐 수 없다. 진리를 알지 못하던 바리새인과 서기관들이 바른 진리를 선포하시던 그리스도를 대항했듯이 오늘 날도 그런 일이 있을 수 있다. 전도사님께서 진리의 중요한 일면을 설교하셨건만 그 성도는 이신칭의(以信稱義:믿음으로 의롭다 칭함받음)의 교리를 이해하지 못하고 크나큰 실수를 저지른 것이다. 그토록 성경을 많이 읽었어도 성경 속에 흐르는 진리의 실체는 제대로 파악을 못하고 있었던 것이다.

대개 많은 신자들에게 로마서의 주제가 무엇이냐고 성경퀴즈를 낸다면 금방 '믿음으로 의롭게 됨' 이라고 답을 맞출 것이다. 그러면서도 그분이 '의인' 이 되었다고 하면(예수를 믿는 성도이기에) 그 무슨 큰일 날 소리를 하느냐고 펄쩍 뛴다. 잘못하다가는 이단(異端)으로 몰릴 판이다.

서울의 어떤 교회에서 오래전 한국에 있을 때 필자가 직접 겪은 일이다. 그 날 저녁 나는 '당신의 광복절을 기억하라(롬 8:1)' 는 말씀으로 설교를 했는데, 그 내용은 우리는 어쩔 수 없이 전적으로 타락한 죄인들이었으나 주님의 죽으신 공로로 온전히 죄에서 자유하게 되어 의롭게 되었으니 이러한 믿음을 굳게 하여 항상 담대하고 당당하게 하나님의 보좌 앞으로 나가야 한다는 요지였다. 모든 예배순서가 마치고 강단을 내려왔을 때 그 교회 여 집사님 한 분이 나에게 이런 말씀을 하셨다.

"은혜를 많이 받았습니다. 그런데 한 가지 질문이 있습니다. 우리가 항상 죄에 빠지기 쉬운 연약한 죄인인데도 단지 믿기만 하면 '의인'이 된 것이라고 하시니 저는 다른 말씀은 다 받아 들여도 그 말씀만은 못 받아 들이겠습니다. 만일 내가 죄를 짓고도 의인된 것을 주장한다면 그것은 참으로 교만한 자세가 아닙니까? 어떻게 죄를 지은 죄인이 죄를 짓고도 하나님 앞에 의인이라고 여기며 나간단 말입니까?"

나는 그 성도의 질문에 성경 로마서를 제시하며 다시금 최선을 다해 믿음으로 의롭게 된 도리를 설명하기 시작했다. 그런데도 그 분은 뭔가 석연찮은 표정으로 나의 말을 받아들이려 하지 않았다.

"아무리 그러셔도 나는 죄인이라고 생각합니다. 나는 결코 죄를 짓고서도 의인이라고 생각하며 하나님 앞에 나아갈 수는 없습니다. 늘 회개 자복해야 깨끗해져서 의롭게 될지는 몰라도 결코 믿음으로만 다 된다고 할 수 없습니다." 하며 막무가내로 주장을 굽히지 않았다.

그래서 나는 다음과 같이 설명해 주었다.

"집사님, 좋습니다. 저도 모든 인간은 다 썩어 부패한 죄인임을 밤낮 주장하는 사람입니다. 그러나 이러한 죄인이라 할지라도 예수를 믿으면 그 믿음으로 인하여 의롭다함을 하나님께 받는다는 것입니다. 이것은 믿는 신자는 완전히 육신이 변화 되어 죄를 전혀 짓지 않는 상태가 된다는 것이 아니라, 순전히 심판자이신 하나님이 의롭게 보아 주신다는 것입니다. 그 누가 아무리 믿는 자를 죄인이라고 할지라도(비록 자기 자신이 그렇게 여길지라도) 판단하시는 하나님이 의인으로 봐 버린다면 그것을 믿어야 하지 않겠습니까? 집사님은 지금 죄를 항상 회개해야만이 깨끗한 의인이 된다고 말씀하시는데 그렇다면 하루에도 열두 번씩 의인이 되었다, 죄인이 되었다 하시겠네요? 죄를 회개하면 의롭게 되었다가 그 후에 또 죄를 지으면 다시 회개하기까지는 또 죄인이 되고 …회개하면 다시 의롭게 되고…….

오! 집사님. 그렇게 되면 이거 어디 불안해서 신앙생활 온전히 할 수 있겠습니까? 예수님은 굳건한 반석이 되신다고 했는데 그 분을 믿는 신자가 이렇게 요동될 수가 있습니까? 집사님, 제 말을 믿으십시오. 죄인들이 예수님 공로로 죄사함 받고 의롭게 죄는 것은 단 한 번에 되는 것이지 그렇게 회개의 여부에 따라 몇 번씩 반복되는 것이 아닙니다. 오직 예수를 구주로 믿고 영접할 때 바로 그 순간에 신자의 모든 죄는 사함 받고 의로운 백성이 되어 버리는 것입니다. 그리고 그것은 결코 변경될 수 없습니다. 집사님이 집사님 부모의 자식으로 태어난 것이 단 한 번의 일회적인 사건입니까? 아니면 하루에도 몇 번씩 내가 부모 말을 듣고 안 듣고에 따라 자꾸 변하는 일입니까? 두말 할 것도 없이 우리는 단 한 번에 부모의 자식으로 태어난 것이지 그것이 반복되어질 일이 아닙니다.
마찬가지로 우리가 하나님의 의로운 자녀가 된 것도 단 한번에 되어진 일이요, 그것은 결코 변경될 수 없는 일입니다.

사랑하는 집사님. 그러니까 '회개'의 의미를 잘 아셔야 합니다. 회개는 크게 두 가지가 있는데, 하나는 죄사함과 의로움을 얻게하여 구원에 이르게 하는 회개요, 또 하나는 이와 같이 하나님 앞에 구원 받고 의롭다 칭함 받는 하나님의 자녀가 불순종했을 때 아버지와의 서먹한 관계를 정리하고 친밀한 교제를 위하여 그 앞에 자복하고 회개하는 것입니다.

전자(前者)의 회개는 단 한 번에 하는 것인데 그것은 바로 예수님을 구주로 믿고 영접하는 행위입니다. 믿고 영접하는 것이 곧 죄사함과 의롭게 함과 구원함을 주는 일회적인 회개요, 그 후에는 또 다른 측면의 회개로써 차라리 '자백'이라고 표현하면 좋을 것입니다. 주님께서 마태복음 4:17에서 '회개하라, 천국이 가까웠느니라' 하셨을 때의 회개는 '믿음'을 말하는 것이라면, 사도요한이 요한 1서 1:9에 말한 '만일 우리가 우리 죄를 자백하면 저는 미쁘시고 의로우사 우리 죄를 사하시며 모든 불의에서 우리를 깨끗케 하실 것이요' 하는 말씀은 바로 두 번째의 회개의 의미를 말하는 것입니다.

그래서 예수님께서 제자들의 발을 씻을 때 베드로가 자기는 온 몸을 다 씻어 달라고 하자, 너희는 이미 일러준 말로 깨끗하여 졌으니 발밖에 씻을 필요가 없다(요 13:8-10)고 하신 것입니다. 여기에서 온 몸이 깨끗하다는 말씀은 바로 '믿음'에서 오는 죄사함과 의롭다 함을 의미하는 것이요, 발을 씻어야 한다는 것은 매일 매일 광야 같은 세상에 살면서 묻는 죄악의 먼지를 아버지 하나님 앞에 자복하고 회개하여 예수의 여전한 피로 양심의 먼지를 털어내야 한다는 뜻이랍니다.

그리고 죄를 짓고서도 '의인'이라고 확신을 잃지 않고 담대히 하나님의 보좌 앞으로 나갈 수 있는 것은 믿음으로 의롭게 된 진리를 의지하기 때문이지 교만해서 그런 것이 아닙니다. 집사님은 늘 죄인이라고만 생각하고 하나님 아버지께 기도한다고 하셨는데 그것은 참으로 신성모독의 행위가 아닐 수 없습니다. 생각해 보십시오. 제가 집에서 기른 강아지가 내가 밖에 나갔다가 집에 들어왔을 때 나를 보고는 '아버지!' 하면서 꼬리를 치면 어떻게 되겠습니까? 그것은 나를 개 취급하는 것이기 때문에 크나큰 모독이 아닐 수 없습니다. 어떻게 인간인 내가 강아지와 가족관계를 맺고 강아지의 '아버지'가 될 수 있단 말입니까?

마찬가지입니다. 하나님은 거룩하시고 의로운 분입니다. 그 분은 죄와 상관없는 분이요, 죄인이 감히 가까이 할 수도 접근할 수도 없는 거룩한 빛에 거하시는 분입니다. 그래서 구약에 하나님이 임재하시던 성막의 지성소에는 1년에 한번 대제사장밖에는 들어갈 수 없었고 그것도 놋제단에서 짐승을 죽여 피를 흘리고 죄를 없이한 다음에 들어갔던 것입니다. 만일 그렇지 않으면 그 대제사장은 그 자리에서 죽는 것입니다. 하나님의 법궤를 손으로 만지다가 그 자리에서 즉사했던 구약의 웃사를 기억해 보십시오(삼하 6:6-8).

이와 같이 어떤 죄인도 가까이 하실 수 없는 하나님을 향하여 자신을 죄인이라고 만 알고 있는 집사님이 감히 그 거룩하신 분을 '하나님 아버지' 하고 부르며 기도하신다구요? 그 무슨 엄청난 신성 모독 발언입니까? 감히 죄인이 거룩하신 하나님을 향해 아버지라니요? 차라리 강아지가 인간을 보고 '아버지'라고 부르는 것이 낫지 죄인이 어떻게 하나님과 가족관계를 맺을 수 있단 말입니까? 죄인이 가까이 갈 수도 없는 하나님인데 어떻게 하나님의 가족이 될 수 있겠냐는 말씀입니다.

그러므로 집사님. 집사님은 믿음으로 이미 모든 죄를 용서받았고 하나님이 집사님을 전적으로 의롭게 보시기에 감히 하나님을 아버지라 부르게 되었고 그에게 나아가 기도도 할 수 있게 된 것이랍니다.

하나님의 자녀가 거룩하지 않으면 어떻게 되겠습니까? 사람의 자식이 개나 돼지가 아니고 사람이듯이 하나님을 아버지라 부르는 신자들 역시 하나님처럼 거룩하지 않으면 안되는 것입니다.

그래서 성경에 예수 믿는 자들을 '신(神)의 성품에 참여하는 자(베드로후서 1:4)'라고 한 것이며 히브리서 10:10에는 단언하기를 '이 뜻을 좇아 예수 그리스도의 몸을 단번에 드리심으로 말미암아 우리가 거룩함을 얻었노라'라고 한 것입니다. 믿는 자는 예수님과 연합하여 하나이므로(로마서 6:4) 예수님의 의와 성결과 거룩함이 바로 믿는 자의 것이 되 버린 것입니다(고전 1:30). 그래서 사도바울도 로마서 8:33-34에서, "의롭다 하신 이는 하나님이시니 누가 정죄하리요"하고 큰 소리를 친 것입니다. 집사님, 이제 좀 이해가 되시는지요?"

그 날 밤 그 집사님은 새로운 깨달음과 확신을 갖게 되었다.

이와 같이 오늘날의 많은 신자들이 의외로 기본적인 기독교의 진리들에 대해서 깊은 이해를 못하고 있는 경우가 허다한 실정이다. 예배 참석하고 기도하고 헌금하고 봉사하는, 겉으로 드러나는 신앙행위는 잘 하는데 가장 중요하고도 기본적인 영적 진리들에 대해서는 알고 있는 것 같으면서도 조금만 깊이 들어 가면 제대로 모르는 경우가 많은 것이다.

이는 성령님의 깨닫게 하시는 감화가 없이 막연하게 머리로만 알고 있기 때문이요, 현대 교회의 많은 강단이 일반적으로 깊고 생명력 있는 교리 설교에 약하고 행위 설교에 집중이 되어 있기 때문이기도 하다.

어쨌든, 성경은 이제 예수 그리스도의 죽음의 공로가 그를 믿는 자들을 의롭게 하는 능력이 있음을 가르치고 있다. 물론 이 말은 하나님께서 그렇게 인정해 주신다는 것이지 믿으면 인간 자체가 완전한 사람이 된다는 의미가 아니다. 부활의 아침을 맞이하기까지는 우리들은 믿은 후에도 여전한 죄악된 육신을 가진 존재이다.

　예를 들면 청년이 결혼하게 되면 '신랑' 이라 불리우는 이치와 비슷하다. '신랑' 이란 말은 순전히 신부 때문에 얻어진 칭호요, 청년 스스로는 도무지 얻을 수 없는 칭호이다. 마찬가지로 우리 신앙인들도 우리 자체로는 모두가 '죄인' 이다. 예수님 아니면 죄인밖에 더 내놓을 것이 없었다. 그런데 예수를 만나 그의 신부가 되고 보니 신랑 되신 예수 때문에 죄인인 우리에게 하나님으로부터 '의인' 이라는 칭호가 내려졌다. 오직 예수님 때문이다. 예수님의 피공로가 이토록 컸던 것이다. 그래서 성경은 하나님께서 경건치 아니한 자를 그 믿음을 보시고 의롭게 여기신다고 거듭 말하는 것이다.

　　"일을 아니 할지라도 경건치 아니한 자를 의롭다하시는 이를 믿는
　　자에게는 그의 믿음을 의로 여기시나니(로마서 4:5)."

　경건치 아니한 죄인들도 믿기만 하면 그 믿음을 의로 여기시다니! 그렇다면 나 역시 의롭다 함을 받지 못할 이유가 없지 않겠는가?

　형제여, 너무나 연약하고 추한 죄인을 마치 지금껏 하나도 죄를 짓지

않은 자처럼 의롭게 여겨 주신다니 이 얼마나 신비스러운 기독교의 진리인가? 그래서 주님은 '진리를 알지니 진리가 너희를 자유케 하리라'(요 8:32)고 하셨던 것이다.

믿음으로 의인된 진리를 안 붙잡고 있으면 그가 가진 구원의 확신이 모호하게 된다. 대부분의 신자들이 구원은 굳게 확신하면서 의인된 확신은 분명하게 가지지 못하고 있는데 그것은 큰 모순이다.

언젠가 필자는 열심이 특별한 청년에게 구원의 확신이 있느냐고 물어 보았다. 그랬더니 청년은 분명하게,

"물론입니다. 저는 예수님의 공로로 천국에 가게 된 것을 확실히 믿습니다."

라고 대답하였다. 어떻게 그렇게 자신하느냐고 물었더니 '예수를 믿는 믿음' 때문이라고 대답하는 것이었다.

나는 거기서 물러서지 않고 한 가지를 더 물어 보았다.

"내가 알기로는 천국은 죄가 하나도 없어야 가는 곳으로 믿고 있는데(사 35:8, 사 52:1, 욜 3:17, 계 21:27, 마 22:12-13) 학생은 지금

죽어도 천국 간다고 하니 그러면 학생은 지금 죄가 하나도 없는 완전한 의인이란 말인가?"

그랬더니 그제서야 말끝을 흐리고는,

"아~니, 뭐 제가 지금 완전한 의인이란 말은 아니구요. 솔직히 말한다면 저는 오늘 아침에도 마음속에 죄를 지었습니다."

"그러면 지금 학생에게 분명 죄가 있단 말이지?"

"예, 솔직히 말해 그렇습니다."

"그렇다면 지금 당장에 죽는다면 학생은 천국에 갈 수 없겠구만?"

"그렇지요. 그래서 얼른 회개하려고 합니다."

"그래? 그러면 왜 처음에 내가 질문했을 때는 자신 있게 구원받았다고 했지?"

"글쎄……, 그러는 줄 알았는데 자꾸만 따지고 드니까 이상하게 되는군요."

독자여 보시라. 의인된 확신이 없는 구원의 확신이 얼마나 모순된 것이라는 것을! 왜 믿음으로 구원 받는 줄은 알면서도 믿음으로 죄사함 받고 성령을 받고 믿음으로 의롭게 되는지를 잘 모른단 말인가? 어떻게 의롭게 되지 않고 천국 갈 확신을 가질 수 있단 말인가?

분명 성령님은 거룩한 영이시기에 죄가 털끝만큼이라도 있는 곳에는 좌정하실 수가 없다. 그럼에도 성경은 믿는 신자에게는 하나님의 성령이 거하신다고 선언하고 계신다.

"너희가 하나님의 성전인 것과 하나님의 성령이 너희 안에 계신 것을 알지 못하느뇨?(고전 3:16)"

어떻게 더러운 죄인과 함께 성령님이 거하실 수 있겠는가? 그것은 믿는 성도는 예수 그리스도의 피로 말미암아 죄 씻음 받고 하나님께서 의의 옷을 입혀 주셨기에 성령님이 믿는 자들에게 거하실 수 있는 것이다. 문자 그대로 믿는 자는 성도(聖徒-거룩한 무리)인 것이다.

그러면 이 '의인된 확신'이 왜 중요한가 하는 것을 정리해 보자.

첫째, 믿음으로 말미암아 의롭게 된 확신이 없으면 하나님의 자녀가 되었다는 확신을 가질 수가 없다. 왜냐하면 하나님은 죄와 상관없는 거룩한 신(神)이기에 그 분의 가족이 되려면 거룩하지 않으면 안 되기 때문이다. 그래서 이 의인된 확신이 있는 성도는 하나님의 자녀 된 확신을 잃지 않고 언제나 담대히 은혜의 보좌 앞으로 나아갈 수 있게 된다. 하나님은 누가 뭐래도 나의 아버지인 것이다. 아버지! 그 말 속에는 표현치 못할 얼마나 많은 정(情)과 위로와 든든함이 있는가? 나는 영적고아가 아닌 것이다.

둘째, 의인된 확신이 없으면 천국에 가게 된다는 구원의 확신이 흔들리게 된다. 생각해 보라. 어떻게 죄 있는 자가 그 거룩한 성 새 예루살렘에 들어갈 수 있겠는가?

"그 곳은 거룩한 길이라 일컫는 바 되리니 깨끗지 못한 자는 지나지 못하겠고…(사 35:8)"

분명 성경은 거룩한 자들만이 천국에 간다고 선언한다. 의롭고 흰 예복을 입지 않고는 아무도 그 천국에 들어갈 수 없는 것이다.

그런데 이와 같은 사실을 모르고 무조건 예수 믿어 천국구원을 받게 되었다는 것만 알고 의롭게 된 사실을 놓쳐 버리면 마귀가 정죄의식을 주고 시험할 때 구원의 확신을 잃어버리고 두려워하며 절망할 수 있는 것이다. 윗 그림의 가운데 토막을 절대 놓치지 말고 굳게 붙잡아야 하는 것이다.

셋째, 신자가 의인된 확신이 없으면 죄에서의 자유함을 누리지 못할 뿐 아니라 주님이 말씀하신 죄에서의 자유가 무엇인지도 모르고 신앙생활을 하게 된다. 이 얼마나 막대한 손해인가?

성경 요 8:32을 보면 주님께서, "진리를 알지니 진리가 너희를 자유케 하리라"고 말씀하셨다. 이것은 진리 되신 주 예수님을 알고 믿으면 누구나 율법과 죄에서 자유롭게 된다는 말씀이다. 그런데 믿음으로 죄사함 받고 의롭게 된 진리를 깊이 알지 못하는 신자는 죄에서의 해방과 자유가 무엇인지 까마득히 모른 채 살아갈 수밖에 없을 것이다. 예수의 죽음은 그를 믿는 우리를 율법의 멍에에서 자유케 하기 위함이었다. 예수님의 죽음이 있기전까지는 우리들은 마치 애굽의 종살이하던 이스라엘 백성이 고통스러운 노역과 억압으로 신음하고 고통 했듯이 율법의 억눌림 속에서 신음하며 심판의 두려움으로 오금을 못 펴고 살아야 했다. 율법은 선언하기를 무릇 누구든지 율법에 기록된 대로 모든 일을 항상 행하지 않는 자는 저주를 받을 것이라 했기 때문이다. 그래서 우리 타락한 인간은 율법의 요구를 이루지 못하고 모두가 심판의 저주아래 놓이게 되었던 것이다.

> "무릇 율법 행위에 속한 자들은 저주 아래 있나니 기록된 바 누구든지 율법 책에 기록된 대로 온갖 일을 항상 행하지 아니하는 자는 저주아래 있는 자라 하였음이라(갈 3:10)"

얼마나 율법의 심판은 엄중했던가? 부모를 거역하는 자는 돌로 쳐 죽이고, 안식일을 범하는 자는 백성 중에서 끊겨지고, 간음하면 많은 사람 앞에서 돌에 맞아 죽어야 했다. 구약에 아간은 탈취물 얼마를 감추었다가 아골 골짜기에서 모든 친척, 가족까지 몰살을 당했다. 율법의 요구는 눈은 눈으로 이는 이로 갚는다는 것이었기에(레 24:20) 남을 상해한 자는 자기도 그만큼 상해를 당해야 했다. 그래서 부패한 우리 인생들은 모두가 율법의 저주 아래 놓이게 되었고 항상 그 쇠사슬에 노예처럼 묶여 있었다. 이러한 상황 속에서 우리의 선한 목자가 나타나신 것이다.

"율법이 육신으로 말미암아 할 수 없는 그것을 하나님은 하시나니 곧 죄를 인하여 자기 아들을 죄 있는 육신의 모양으로 보내어 육신에 죄를 정하사 율법의 요구를 이루어지게 하려 하심이니라(롬 8:3)"

보라! 하나님께서 예수님을 이 땅에 보내신 것은 율법의 요구를 이루기 위해서였다고 하지 않는가? 하나님의 공의는 변경될 수 없는 엄위로운 것이기에 율법이 요구한 바는 반드시 그대로 행해져야 했고 그 댓가로 죄 없으신 예수님이 나와 당신의 죄를 대신 담당하시고는 저주의 십자가에서 죽임을 당하셨던 것이다.

"그리스도께서 우리를 위하여 저주를 받은바 되사 율법의 저주에서 우리를 속량하셨으니 기록된바 나무에 달린 자마다 저주아래 있는 자라 하였음이라(갈 3:13)"

십자가의 사형만큼이나 저주스런 죄의 심판이 어디 있겠는가? 어찌 살아 있는 사람을 발가벗겨 나무에 달아놓고 손과 발에 못을 박아 죽을 때 가지 세워 놓는단 말인가? 얼마나 흉악한 죄인이면 그토록 무섭고 저주스런 죽음을 당한단 말인가? 바로 나의 목자 예수님이 그러한 저주의 죽음을 당하셨다! 율법의 저주 아래 있어서 그 무서운 지옥 형벌을 받을 수밖에 없는 날 위해 주님이 심판을 대신 당하셔서 나를 율법의 저주에서 해방시킨 것이다. 죄는 내가 지었고 죄의 심판은 나의 주님이 당하셨다!!

그런즉 이제 율법은 나를 심판하지 못한다. 율법의 저주는 끝났다. 율법은 더 이상 나를 죄 있다고 정죄하지 못한다. 내가 죄의 심판을 받아 버렸기 때문이다. 이제 율법의 시대는 십자가 아래에서 종식되었다.

"그런즉 율법은 무엇이냐. 범법함을 인하여 더한 것이라. 천사들로 말미암아 중보의 손을 빌어 베푸신 것인데 약속하신 자손이 오시기까지 있을 것이라(갈 3:19)"

그렇다. 율법은 약속하신 자손 예수그리스도가 이 땅위에 오시기 전까지 유효했다. 그러나 이제 율법의 요구를 다 이루시고 율법을 완성하신 예수 안에 있는 자들에게는 율법의 시대는 막을 내렸고 은혜의 시대가 열리게 된 것이다.

"율법은 모세로 말미암아 온 것이요. 은혜와 진리는 예수 그리스도
로 말미암아 온 것이라(요 1:17)"

거듭 말하거니와 이제 예수 믿고 예수 안에 있는 성도들에게는 모든 율법의 정죄의 힘은 철폐되었다! 요한복음 8장에서 현장에서 간음하다 바리새인들에게 붙잡혀 예수님 앞에 끌려왔던 여인을 보라. 그 모습은 바로 나와 독자의 모습이 아니었던가? 그러나 나의 목자는 율법의 시대를 종지부 찍으시고,

"여자여, 너를 고소하는 사람들이(율법) 어디 있느냐? 나도 너를 정죄하지 아니하노니 가서 다시는 죄를 범치 말라"고 선언 하신 것이다.

언젠가 한 형제에게 이런 질문을 했다.
"형제님, 죄에서 자유함을 누리고 있습니까?"
그랬더니 그 독실한 신앙을 가진 형제님은, "웬걸요, 어떻게 제가 감히 죄에서 자유 하겠습니까?" 하였다.

"아니, 분명히 요8:32에 진리 되신 예수님을 알면 죄에서 자유케
된다고 말씀하셨는데 죄에서의 자유를 못 누린단 말입니까?"

"아이구, 그렇지만 진리 되신 예수님을 알고 믿고 난후에도 저는 죄를 지을 때가 많거든요. 그래서 죄에서 자유는 커녕 죄의 종이 되어 얽매일 때가 많답니다."

나는 거기까지 이야기를 주고 받았을 때에 그 형제가 뭔가 단단히 착각하고 있음을 알 수 있었다. 그 형제는 '죄에서의 자유'란 의미를 '죄를 짓지 않는 것'으로 이해하고 있었던 것이다. 그래서 나는 분명히 그의 생각을 정정해 주었다.

"형제님, 형제의 말처럼 만일 죄를 전혀 짓지 않는 것이 죄에서의 자유요, 해방이라면 예수 믿는 사람 중에 과연 몇 명이나 자유하겠습니까? 도대체 예수 믿고 난 후 신앙생활하면서 죄를 한 번도 짓지 않고 완벽하게 거룩한 삶을 산 신자가 어디 있단 말입니까? 아무도 없을 것입니다. 그렇다면 믿는 자 중 아무도 죄에서 자유한 사람이 없다는 말이 됩니다. 그렇지만 형제님 성경을 같이 찾아봅시다. 갈5:1에, '그리스도께서 우리로 자유케 하려고 자유를 주셨으니 그러므로 굳세게 서서 다시는 종의 멍에를 메지 말라'고 하지 않았습니까? 여기 분명히 자유를 주셨다고 단언하지 않습니까? 이것은 완료된 사실의 헬라어 표현법입니다. 또 계1:5절 후반부를 봅시다.

"…우리를 사랑하사 그의 피로 우리 죄에서 우리를 해방 하시고"

보십시요. 예수 피로 우리를 우리 죄에서 해방했다고 하지 않았습니까? 그렇다면 이제 이게 어떻게 된 일입니까? 성경은 믿는 자가 이미 죄에서 자유와 해방을 받았다고 거듭 선언하는데 형제님은 그 자유를 안 받았다고 하니 누구 말을 믿어야 하는 겁니까?"

사랑하시는 독자여, 그 형제는 성경이 말하는 죄에서의 자유와 해방의 개념을 잘못 알고 있었던 것이다. 성경이 말하는 죄에서의 자유의 의미는 '죄를 짓지 않는 상태'를 말 하는 것이 아니고(그렇게 오해하기 쉽다), '죄를 지을 지라도 결코 죄인이라고 송사하여 심판할 수 없음' 이라는 의미인 것이다. 다시 말하거니와 죄에서의 자유란 죄의 심판으로부터 자유를 의미하는 것이다. 그래서 롬 8:1-2에는 이렇게 기록되어 있다.

"그러므로 이제 그리스도 예수 안에 있는 자에게는 결코 정죄(定罪)함이 없나니 이는 그리스도 예수 안에 있는 생명의 성령의 법이 죄와 사망의 법에서 너를 해방 하였음이라" 아멘-

여기에서 정죄(定罪)라는 단어는 법정에서 사용되는 용어이다. 재판관이 피고자를 앞에 세워놓고 법률을 적용시켜 죄와 그에 따른 형벌을 선고 할때 이 단어가 쓰인다. 그런데 이제 그리스도 예수의 은혜 안에 있는 자에게는 결코 율법을 적용시켜 죄의 심판을 선고할 수 없게 되었다! 왜냐하면 그와 같은 재판은 이미 2천년 전 갈보리 언덕에서 열렸기 때문이다. 그 때 재판관이신 하나님은 율법을 적용시켜 모든 인류의 죄 값으로 예수님에게 사망을 선고했고 그 선고된 형벌을 우리의 대표이신 주 예수님이 친히 받으셨던 것이다.

그러니 이제 누가 우리를 죄 있다고 다시 고소하여 율법을 적용할 수 있겠는가? 이 세상 법정에서도 일사부재리(一事不再理)의 원칙이 지켜지고 있다. 일사부재리의 원칙이란 한 사람이 어떤 죄로 법의 선고를 받고 형(刑)을 살았으면 그 후에는 다시는 그 죄로 또 법을 적용시켜 심판 할 수 없다는 것이다. 땅위의 인간의 법도 이와 같은데 하물며 공의로우신 하나님이시랴? 우리의 죄를 예수님에게 전가시켜 형벌을 받게 하셨는데 또 우리를 하나님이 재차 심판하시겠는가?

오, 독자여. 천지가 변하여도 결코 그러한 일은 있을 수 없다. 우리 믿는 성도들은 율법과 죄의 심판에서 온전히 자유자의 위치에 서 있다. 그렇다. 이것이 바로 우리의 신분이요, 위치다. 우리들이 우리의 선한 행위로 구원받은 것이 아닌 이상 우리들의 악한 행위에 의해서도 버림받지 않는 것이다. 누가 뭐래도 든든히 이 진리의 반석위에 서야 한다. 그런데 이와 같은 진리를 강조하다 보면 꼭 다음과 같은 반발을 만나게 된다.

"그러면 믿는 사람들은 죄에서 자유케 되어 의롭다 함을 받게 되었으니 마음껏 죄를 지어도 좋겠구나."

이렇게 비방하는 사람들이 있다는 것이다. 이와 같은 반발은 바울사도에게도 나타났다. 사도 바울이 가는 곳마다 믿음으로 의롭게 된 진리와 죄와 율법에서의 자유를 강하게 선포하자 어떤 사람들은 비방하면서 그것은 죄를 조장시키는 교리라고 헐뜯었다.

"또한 그러면 선을 이루기 위하여 악을 행하자 하지 않겠느냐. 어떤 이들이 이렇게 비방하여 우리가 이런 말을 한다고 하니 저희가 정죄 받는 것이 옳으니라(롬 3:8)"

그래서 바울은 그러한 문제들을 예상하고 이렇게 말씀했다.

"그런즉 우리가 무슨 말하리요? 은혜를 더하게 하려고 죄에 거하겠느뇨? 그럴 수 없느니라. 죄에 대하여 죽은 우리가 어찌 그 가운데 더 살리요(롬 6:1-2)"

또한 갈라디아 성도들에게 다음과 같이 말했다.

"형제들아 너희가 자유를 위하여 부르심을 입었으나 그러나 그 자유로 육체의 기회를 삼지 말고 오직 사랑으로 서로 종노릇하라(갈 5:13)"

오늘날도 믿음으로 의롭게 되고 믿음으로 죄에서 자유 하였다는 진리를 강조하면 꼭 반대하는 사람들이 나타나 '그것은 가장 부도덕한 교리'라고 조롱한다. 그러나 미안스럽게도 그 분들이 잘 못 짚었다. 율법 조문의 묵은 것으로 하나님을 섬기는 것보다 자유함 속에서 영(靈)의 새로운 것으로 섬기는 것이 결코 부도덕하고 방탕한 삶을 의미하는 것이 아니기 때문이다(롬 7:6).

돌이켜 보라. 이 교리를 강조했던 사도바울이 비도덕적으로 자신의 자유를 남용하며 죄를 먹고 마셨는가? 아니다. 그는 오히려 주님의 은혜에 감격해서 살든지 죽든지 그리스도만 존귀케 하려고 발버둥쳤다(빌1:20).

예수님을 만나 사죄함 받고 의롭다함 받은 수많은 죄인들, 세리들, 창녀, 강도들을 보라. 그들이 주님을 만나고 난 뒤에는 변화되어 많은 사람이 인정할만 하도록 경건 되고 희생된 삶을 영위하고 갔지 않은가?

부랑아 어거스틴은 이 은혜의 교리 앞에 엎드려져 크나큰 사랑을 맛보고는 나중에는 뭇 사람들의 입에 성자(聖者)로 오르내리는 위대한 삶을 살고 갔지 않은가?

오늘날도 비도덕적이고 죄악이 만연하는 사회 속에 이 은혜와 자유의 복음이 들어갈 때에 그 나라가 변화되고 그 사회가 정화되며 그 곳의 사람들이 놀랍도록 삶과 인격이 달라지지 않던가?

사람을 파리 목숨처럼 죽였던 싸이코패스 살인자 김대두도 감옥에서 속죄함의 복음을 받아들이고 300명 이상의 재소자들을 주께로 인도했고, 깊은 눈물과 회개로 하나님과 국민 앞에 사죄하고 천사같은 얼굴로 사형장에 가지 않았는가?

칼빈은 이신칭의 교리가 선행을 무너뜨리고 사람들을 오도하여 죄를 쉽게 짓게 만든다고 공격을 받았을 때, 이 교리야 말로 선행을 장려하고 죄를 억제한다고 대응하였다. 그는 선행이 없는 기독교의 믿음이나 선행의 열매없는 칭의의 교리는 상상도 하지 않았다. 칭의는 오직 믿음으로만 얻는 것이지만 그 믿음은 반드시 선행을 동반하기 때문이다.

그 누가 이 은혜의 복음을 비윤리적이라 비방할 수 있겠는가! 나같은 죄인을 용서하시고 나를 의롭다 여겨 주시며 나를 죄와 율법에서 자유케 하기 위해 피흘려 주신 주님 앞에서 내가 어찌 죄와 마음 편히 짝할 수 있겠는가? 행여 마귀의 간교한 시험으로 넘어지고 깨어지는 일이 일어 날 수는 있어도 우리는 다시 십자가 붙들고 일어나 주의 영광을 위하여 분투하며 진군 해 갈 것이다. 아멘―

넷째, '의인된 확신' 이 왜 중요한가 하면 마귀를 대적하는 문제에 영향을 미치기 때문이다. 원수 마귀는 믿는 자라도 틈만 있으면 삼키려고 호시탐탐 노리고 있다. 원수 마귀가 사용하는 무기는 여러 가지가 있지만 그중에 가장 많이 써먹는 작전이 '실망' 과 '좌절' 의 무기를 사용하는 것이다. 온 천하를 꾀는 자인 마귀는 먼저 신자들을 유혹하여 죄에 빠지게 하고 바로 그 다음 공작으로는 정죄의식과 심판의 두려움을 심어주어 심한 좌절감에 빠트리게 한다. '청년회 회장이란 놈이 그럴 수 있느냐?' 하며 더욱 무서운 실패의식에 휩싸이게 한다. 그리고는 결국 하나님의 일에 열심을 포기하도록 유도하고 더 깊은 죄에 빠져버리도록 이끄는 것이다.

만일 이글을 읽는 독자가 정말 하나님께 열심이 있는 분이라면 우리 잠깐만 요한 계시록 12장 7절 ~11절 말씀을 찾아 읽어 보도록 하자.

"하늘에 전쟁이 있으니 미가엘과 그의 사자들이 용으로 더불어 싸울 새 용과 그의 사자들도 싸우나 이기지 못하여 다시 하늘에서 저희의 있을 곳을 얻지 못한지라. 큰 용이 내어 쫓기니 옛 뱀 곧 마귀라고도 하고 사단이라고도 하는 온 천하를 꾀는 자라. 땅으로 내어 쫓기니 그의 사자들도 저와 함께 내어 쫓기니라. 내가 또 들으니 하늘에 큰 음성이 있어 가로되 이제 우리 하나님의 구원과 능력과 나라와 또 그의 그리스도의 권세가 나타났으니 우리 형제들을 참소하던 자 곧 우리 하나님 앞에서 밤낮 참소하던 자가 쫓겨났고, 또 여러 형제가 어린양의 피와 자기의 증거 하는 말을 인하여 저를 이기었으니 그들은 죽기까지 자기 생명을 아끼지 아니하였도다(계 12:7~11)" 아멘—

여기에 보면 마귀는 온 천하를 꾀는 자며 밤낮 하나님 앞에서 우리 형

확신

제들을 참소하는 자라고 적혀 있다. 참소한다는 말은 남의 단점을 고소하고 비난한다는 것이다. 마귀는 밤낮 끊임없이 오늘도 참소하는 일을 하고 있다. 바로 당신의 생각 속에도 계속 자신의 약점과 부족한 점과 실패했던 것을 생각나게 하여 스스로를 미워하고 비난하게 하고 깊은 절망의 늪으로 빠지도록 만들고 있는 것이다.

자, 이러한 마귀의 밤낮 참소하는 공격을 방금 읽은 성경에는 어떻게 이길 수 있다고 했는가? 그것은 어린양의 피의 공로와 자기의 증거 하는 말로 이긴다고 했다.

그렇다. 나의 죄를 대신지시고 속죄양이 되셔서 피흘려 죽어주신 예수! 그리고 그 진리를 믿고 고백하는 믿음! 이 두 가지만 있으면 분명 마귀의 참소를 물리칠 수 있다. 속죄양 예수의 피는 나의 모든 죄를 이미 다 씻었다. 또한 그 피의 공로는 나에게 의의 옷을 입혔다. 그 누가 뭐래도 나는 죄사함 받았고 의롭다 여김을 받고 있다. 이것을 고백하고 증거하고 담대한 마음으로 믿으면 우리를 송사하는 마귀는 혼비백산 도망가는 것이다.

독자여, 어두움을 이기는 길은 한 가지 방법밖에 없다. 실망하고 포기한다고 어둠이 물러갈리 없다. 단지 빛을 비추고 빛으로 대항해야만이 어둠을 삼켜 버릴 수가 있는 것이다. 어두움의 권세가 당신을 휘감고 절망시키려 할 때마다 눈을 들어 속죄양의 피를 보라. 거기에 빛이 있다. 그리고 그 피가 당신을 온전히 깨끗케 했으며 의롭게 했다는 사실을 굳게 믿고 그것을 믿음으로 주장해 보라. 당신의 어두운 영혼은 즉시로 밝아질 것이다. 할렐루야!

마지막 **다섯째**, 믿음으로 의롭다함 받은 확신이 왜 중요하느냐 하면 기도하는 일에 막대한 영향을 끼치기 때문이다.

당신이 죄에 넘어져 신음하다가 회개하려고 주님 앞에 나갔을 때 기도의 문이 쉽게 열리던가? 아니다. 결코 아니다. 어두움에 가득 쌓인채로 기도하기는 보통 힘든 것이 아니다.

그럴 때는 이미 속죄양의 피의 공로로 죄가 씻어졌고 의롭다함을 받아버린 사실을 굳게 믿고 나아가 이렇게 기도를 시작해 보라.

"감사하신 아버지여, 나 같은 이런 못된 백성을 왜 의롭다 하십니까? 나 같은 인간을 예수님의 피를 믿는 믿음, 그 한 가지를 보시

확신

고 의롭다 여겨 주신다니 그저 놀랍고 놀라울 뿐입니다. 주여, 보시옵소서. 그 큰 은혜를 받고 있는 이 종이 오늘도 시험에 빠져 주님을 불순종 했습니다. 주님 나의 이 연약을 어떻게 하면 좋겠습니까? 나는 당신을 사랑합니다… 나는 당신의 영원한 운명이기에 나의 신분은 변함이 없는 줄 믿습니다. 그러기에 더욱 마음이 아프오니 나의 허물을 말갛게 씻기시고 다시 싸울 수 있는 힘을 공급해 주옵소서…"

아무리 침통한 경우라도 진리 위에서서 진리로 갑옷을 입고 기도할 때 기도의 문은 열리는 것이다. 주님의 불가항력적인 사랑에 의지하여 기도하지 않는다면 과연 누가 하나님 앞에 담대함을 얻고 그 보좌 앞으로 나아 가겠는가?

이제까지 대충 다섯 가지로 왜 '의인된 확신'을 갖는 것이 신앙생활에 중요한가를 생각해 보았다.

주 예수님은 의로운 분이시기 때문에 자기를 믿는 자들도 의롭게 하시기를 원하신다. 그래서 피 흘리셨고 이제 그 피를 믿는 모든 사람은 다 의롭다함을 받게 된 것이다. 다음의 성경말씀은 지금까지의 모든 논의에 도장을 찍고 있다.

> "곧 이때에 자기의 의로우심을 나타내사 자기도 의로우시며 또한 예수 믿는 자를 의롭다 하려 하심이니라. 그런즉 자랑할 데가 어디 뇨? 있을 수가 없느니라. 무슨 법으로냐 행위로냐 아니라 오직 믿음의 법으로니라. 아멘(롬 3:26-27)"

이제 이 의인된 확신을 마치기 전에 반드시 하나 더 짚고 넘어가야 할 사실이 있다.

그것은 매일 매일, 순간 순간 발을 씻는 일이다(요 13:20).

왜냐하면 어떤 이단들은 말하기를 믿는 성도는 이미 그 믿음으로 의롭게 되었으므로 그 후에는 회개할 필요가 없다고 가르치기 때문이다. 그러나 그것이 그렇지가 않다. 우리가 죄사함 받기 위해 하나님의 발밑에 처음으로 무릎 꿇고 십자가의 주님을 믿음으로 영접했을 때, '네 많은 모든 죄가 용서 되었느니라(눅 7:48)' 하는 영원한 사죄의 은총을 받아 버린 것이 사실이지만, 우리는 온 몸이 깨끗하더라도 항상 발을 씻어야 할 필요가 있음을 잊어버리면 안된다.

주님은 나의 온몸을 깨끗이 씻어 주시고 의롭게 여기실 뿐만 아니라 지금도 여전히 살아 계셔서서 2000년 전에 제자들의 발을 씻어 주셨던 것처럼 오늘도 역시 광야의 여행으로 더럽혀진 우리들의 발을 씻기 원하시고 계신다.

우리는 매일 매시간 짓는 죄로부터의 깨끗하게 해 주심이 또한 필요한 것이다. 예수의 보혈이 언제나 하나님 앞에서 우리를 변호하고 있음으로 우리가 흰 눈 같이 희게 된 것은 단 한번 믿음으로 말미암아 된 것이지만, 그러나 똑같은 보혈의 역사가 우리의 내적 정화를 목적으로 계속 우리에게 필요한 것이다.

당신의 옛 성품이 움틀 거리고, 숨은 죄악된 생각이나 욕망이 당신의 영혼을 침범하여 당신의 사악함에 몸서리가 쳐질 때 어린양의 보혈을 바라보고 깨끗하게 당신의 발을 씻어줄 것을 청구하라.

F.마이어 박사의 말대로 당신이 예수님의 말씀과 자신의 순종사이에 엄청난 거리가 있어 당신의 영혼을 아찔하게 하는 부족함과 나약으로 질릴 때마다 오직 당신에게 해당되는 곳은 단 하나 뿐이다. 그 곳은 희생제물이 죽임을 당한 놋제단이 아니라 제사장들이 필요할 때마다 씻을 수 있는 놋대야인 것이다.

당신이 갑작스러운 죄로 오염이 되었을 때에 저녁 때까지 혹은 좀 더 편리한 시간과 장소를 찾을 때까지 기다리지 말라. 거기서, 바로 있는 그 자리에서 사랑이 많으셔서 나를 위해 피 흘려주신 나의 목자에게 마음을 들어 올리고 그 분께 죄를 자백하며 눈보다 더 희게 씻어달라고 간구하라.

하나님의 성전에 들어가기 전에, 어떤 봉사에 참가하기 전에, 어떤 사역을 맡기 전에 우리의 옷을 더럽히고 우리 마음을 지저분하게 한 모든 것을 깨끗이 씻을 필요가 있다. 모든 조용한 순간에 우리의 발을 씻어야 함을 늘 생각하자. 아멘.

거듭난 확신

"그런즉 누구든지 그리스도 안에 있으면 새로운 피조물이라. 이전 것은 지나 갔으니 보라 새것이 되었도다.(고후 5:17)"

자기가 은혜로운 삶을 유지할 때는 그리스도인이 된 것에 대해서 우리는 별로 의심하지 않는다. 그러나 자기도 모르게 환경과 육신에 끌려서 시험에 빠지게 될 때는 문득 내가 정말 크리스찬인가? 내가 정말 거듭난 하나님의 자녀인가? 하는 의문이 생기며 어쩌면 나는 거듭나지 못한 형식상의 신자일지도 모른다는 두려움에 휩싸일 수가 있다.

우리가 이러한 의심의 마귀를 대적하고 끝까지 구원의 반석위에 서서 하나님의 영광을 위해 달려가기 위해서는 거듭난 확신을 분명히 가지고 있어야 한다. 혹시 내가 가룟유다처럼 되면 어쩌나? 사울 왕처럼 버림 받으면 어쩌지? 내가 아나니아와 삽비라는 아닐까? …… 물론 그러한 일들로 경계를 받는 것은 필요하다.

그러나 쓸데없이 그러한 생각에 사로잡혀 필요 없는 고민을 하고 좌절하다가는 마귀의 더 큰 올무에 걸려들 수 있음을 주의해야한다.

① 거듭남(중생)은 온전히 하나님이 이루시는 일이다

니고데모라는 유대 관원이 예수님께 찾아와 사람이 어떻게 해야 구원 받을 수 있는지를 물었을 때에 주님은 사람이 거듭나지 않으면 아무도 천국갈수 없다고 했다(요 3:1-7). 니고데모는 그 말에 놀라 어떻게 사람이 두 번 태어날 수 있느냐고 물었다. 그때에 주님께서는, "**육으로 난 것은 육이요, 영으로 난 것은 영이니 내가 네게 거듭나야 하겠다하는 말을 기이히 여**

확신

기지 말라"고 하셨다.

이 말씀은 무슨 뜻인가? 그것은 '거듭난다'는 것이 육신이 다시 어머니 뱃속으로 들어가 새로 태어난다는 말이 아니라, 죄 때문에 하나님과 단절된 인간의 영혼이 하나님에 대하여 다시 깨어나 하나님을 섬기고 살아가는 것을 의미한다는 말씀이다.

그러므로 사실은 거듭남 (중생)이란 육신과 관련해서 나온 말이 아니고 우리의 영적생명의 탄생을 두고 한 말인 것이다.

모든 인간은 아담 이후로 죄 때문에 영혼이 하나님과 단절되었고 사실상 하나님에 대하여 우리의 영이 죽은 상태에 있었는데(옛 생명), 죄의 권세를 십자가로 파하신 주예수를 믿게 되면 그 영이 살아나 하나님을 의식하고 하나님을 섬기며 하나님 안에서 그 새로 태어난 영적생명이 자라나게 된다(새 생명). 바로 이같은 영적 생명을 소유한 사람을 가리켜 거듭난 사람이라 하는 것이다.

이 영적 생명이 없는 거듭나지 못한 사람은 결코 구원 받지 못한다. 고전 15:50에 바울은 선언하기를, '혈과 육은 하나님 나라를 유업으로 받을

확신

수 없다'고 했다. 나의 육신의 생명은 이 땅위의 부모에게서 나왔지만 성도에게 있는 영적생명은 하늘에 계신 하나님에게서 온 것이다. 그러므로 우리의 거듭남이란 전적으로 하늘로부터 생겨난 사건이다. 사람이 심장마비로 죽었다가 세 시간 후에 다시 숨이 터지고 살아났다고 해서 성경이 그것을 거듭남이라 일컫지 않는다. 그것은 어디까지나 육적생명의 문제이다.

오직 하나님의 아들 예수를 믿어 그의 영이 살아나 하나님을 알고 하나님과 교통하며 하나님을 아버지로 섬기는 사람만을 중생한 자라 하는 것이다. 그런데 이와같은 사실을 외면하고 어떤 사람들은 자기 육신의 죄악된 모습을 보고 거듭나지 않았다고 판단하기도 하고, 자기 육신의 선한 모습과 행위를 보고 자기가 거듭난 백성인줄 생각하는 사람들이 있는데 참으로 황당무계한 일이다. 육으로 난 것은 육이요, 영으로 난 것은 영이기 때문이다.

그러므로 여기서 확실히 새겨 둘 문제는 하나님으로부터 온 영적 생명을 가진 거듭난 신자는 결코 땅위의 요소들로 인해 그 새 생명이 변질되거나 없어지지 않는다는 것을 확신해야 한다는 것이다.

땅 위에서 온 나의 육신이야 세월이 지나면 쇠퇴하고 닳아져서 결국 죽어 흙이 되지만, 하늘로부터 온 영적생명은 변할 수 없는 생명이요, 쇠할 수 없는 생명이요, 죽지 않는 부활의 생명이다. 땅 위의 일본제가 아무리 좋고 미국제품이 우수하다고 해도 그것은 세월이 지나면 다 썩어 없어지지만 천국제(天國製)는 무궁세월이 흘러도 털끝만한 변함이 없는 것이 특징이다.

그러므로 만일 독자가 예수를 믿어 영적 생명을 가진 거듭난 성도라면 영원토록 안심해도 좋은 것이다.

② 왜 예수를 믿으면 새로운 피조물이 되는가?

분명히 성경 고후 5:17에는 이렇게 말했다.

"그런즉 누구든지 그리스도 안에 있으면 새로운 피조물이라. 이전 것은 지나갔으니 보라 새것이 되었도다."

그러나 나는 예수 믿고 5년이 지나도록 새로운 피조물 된 확신이 없었다. 그래서 교회에서 예배드릴 때 찬송가 중, '주 예수 내 맘에 들어와 계신 후 변하여 새 사람 되고……' 하는 구절은 속으로 자신이 없어 양심이

확신

찔릴 때가 많았다.

차라리 '주 예수 내 맘에 들어와 계신 후에도 어떨 때는 옛사람 같고……' 하고 노래를 부른다면 그나마 맞는 것 같았다.

분명히 성경에는 '이전 것은 지나갔으니 보라 새 것이 되었도다' 했는데, 나는 믿은 후에도 이전 것이 많이 남아 있다는 것을 부인할 수 없었고 새 것까지는 안 되고 중고품 정도 된 것 같았다. 그러다 보니 '나는 언제나 새롭게 될까? 나는 언제나 그 찬송을 자신만만하게 불러볼 수 있을까' 하는 갈등과 탄식의 때가 많았다.

오! 이 글을 읽는 독자여, 만일 독자에게 내가 다음과 같은 질문을 한다면 무어라고 대답할 것인가? '당신은 예수 믿고 새로운 피조물이 되었으며 이전 것은 지나가고 온전히 새것이 되었습니까?' 자, 솔직히 정말 솔직히 대답해 보시라.

그 후 나는 몇 년이 지나서야 성령의 도우심을 따라 고후 5:17의 말씀을 확실히 이해할 수 있었다. 어리석게도 나는 그 때까지 나의 육신의 행위를 바라보고 새로운 피조물 된 증거를 찾고 있었던 것이다.

'오직 믿음'의 진리를 놓쳐 버리고 육신의 것으로 새로운 피조물 된 확증을 잡으려 했으니 자칫 잘못했으면 평생토록 그 찬송을 자신 있게 못 부를 뻔 했던 것이다!

물론 예수 믿는 사람에게 전혀 변화된 육신의 모습이 없다고 말하는 것이 아니다. 정말 그런 뜻은 아니다. 많은 면에서 변화가 있다. 그러나 그것이 많은 면이지 완전한 것이 아니기 때문에 확실한 증거가 되지 못하는 것이다.

예수 믿어도 옛 육신을 입고 있기 때문에 죄에 빠질 위험성은 항상 있다. 만일 예수님의 수제자 베드로가 세 번이나 주님을 부인했을 때 우리가 그 부인하는 베드로의 육신의 모습을 보고 그는 새로운 피조물이 되지 못했다고 여긴다면 얼마나 잘못된 판단이 되겠는가?

만약 모세가 살인죄명을 가지고 광야에서 숨어 있는 모습을 보고 그는 하나님께 버림받았다고 여겨 버린다면 얼마나 크게 오판(誤判)한 것이 되겠는가? 우리는 자신도 모르게 구원이 하나님의 선물이요, 우리의 행위에서 난 것이 아님을 문득 문득 잊어버리기를 잘한다.

내가 무슨 재주로 내 스스로 새로운 피조물이 될 수 있겠는가? 나는 창조주가 아니다. 오직 성부와 성자와 성령만이 헌 피조물을 또 다른 새로운 피조물로 만들 수 있다. 그렇기 때문에 내가 예수를 믿어 새로운 피조물이 되는 것도 100% 하나님이 하시는 일이지 거기에 털끝만큼도 나의 공로나 의지가 관련될 수 없음을 알아야 한다. 우리는 오직 믿음으로 하나님이 이루신 선물을 받을 뿐이다. 그러면 이제 왜 성경이 믿는 자를 새로운 피조물이라 하는가 하는 이유를 생각해 보자.

A) 어두움에서 빛으로 변화되었기 때문이다.

엡 5:8에 기록하기를, "너희가 전에는 어두움이더니 이제는 주안에서 빛이라"고 하였다. 예수 믿기 전에는 우리가 다 어두움의 세상 주관자 아래 있어서 어두움의 자식들이었는데 빛으로 오신 예수를 믿는 자는 자기 때문이 아니라 빛 되신 예수 때문에 빛의 자녀가 되어 버린 것이다. 생각해 보라.

어두움이 변하여 빛이 되어 버렸는데도 새로운 피조물이라 아니할 수 있는가? 이전 것(어두움)은 지나갔으니 보라 새 것(빛)이 되었도다! 할렐루야!

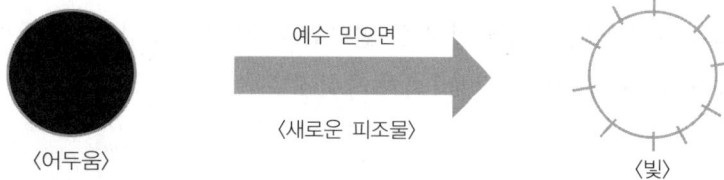

B) 아버지가 달라졌다.

우리가 예수를 믿기 전에는 우리의 주인은 공중의 권세 잡은 자 마귀였었다. 주님은 이스라엘 백성이라도 참 진리 되신 예수님을 따르지 않는 유대인들을 향하여 마귀의 자식들, 혹은 독사의 새끼들이라고 지적하셨다.

"너희는 너희 아비 마귀에게서 났으니 너희 아비의 욕심을 너희도 행하고자 하느니라(요 8:44)"

"뱀들아, 독사의 새끼들아. 너희가 어떻게 지옥의 판결을 피하겠느냐(마 23:33)"

확신

그러나 이제 누구든지 주 예수를 믿기만 하면 하나님을 아버지로 모시고 그의 자녀가 되니 이 얼마나 큰 변화인가? 생각해 보라. 사람이 죽었다가 다시 거듭나지 않고도 아버지가 바뀌질 수 있는가?

당신의 아버지가 김철수씨 였는데 갑자기 하룻밤 지나고 나서는 최영호씨가 당신의 아버지가 될 수 있는가? 그럴 수는 없는 일이다. 당신이 죽었다가 다시 태어나지 않는 한(새로운 피조물이 되지 않는 한=거듭 나지 않는 한) 불가능한 것이다. 마찬가지다. 우리의 아버지가 마귀에게서 예수를 믿어 하나님으로 바뀌졌는데 왜 우리가 새로운 피조물이 아니겠는가? 할렐루야! 예수가 새롭게 하셨도다! 아멘.

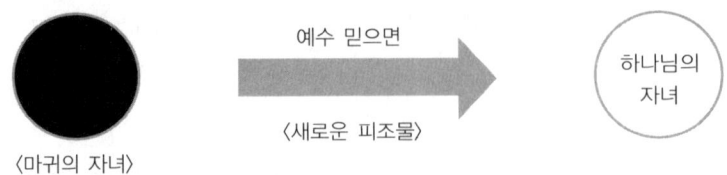

C) 죽었던 영혼이 생명을 얻었다

인간은 다 영혼을 가진 피조물이다. 육신은 이 땅위의 흙에서 왔고 영

———— 확신

혼은 하나님 자신에게 있는 생명의 기운에서 왔다. 그래서 육신은 이 세상을 접촉하고 살고 영혼은 하나님을 접촉하고 산다. 그런데 죄로 인해 인간이 타락하게 되자 하나님을 접촉하고 하나님과 교통하는 영혼의 기능이 마비되어 버렸다.

영혼의 기능이 마비되자 육신도 뿌리 잘린 꽃송이처럼 시간이 지나면 시들어 생명을 잃게 되었다. 이것이 예수 믿기 전까지의 인간의 상태이다.

불신자에게 영혼이 없는 것은 아니다. 어느 인간이든지 영혼이 없는 인간은 없다. 단지 영혼이 있기는 있되 그 기능이 완전히 마비되어 있으므로 사실상 죽은 거나 마찬가지라는 의미이다. 약이 다 떨어진 탁상시계가 멈춰 있다. 그러면 우리는 뭐라고 하는가? '아, 시계가 죽었군' 하지 않는가? 이 말은 시계가 정말 죽어 없어졌다는 것이 아니고 그 기능이 마비되었다는 말인 것이다. 다시 건전지를 새로 넣으면 그 죽었던 시계는 생명을 얻게 되고 그 건전지의 힘이 다 떨어질 때까지 자기의 기능을 다하는 것이다. 이와 마찬가지로 모든 인간에게는 영혼이 있지만 예수라는 새 건전지(비유임을 생각하라)가 없는 사람들은 그 영혼이 기능을 발휘하지 못하므로 사실상 죽은 것이요, 예수를 믿는 사람들은 예수 때문에 그들의 영혼이 다시 제 기능을 찾게되어(영혼이 생명을 얻게 되어) 이제 하나님을 깨닫고 그 분을 섬기며 그 분과 교통하게 되는 것이다.

죽었던 나의 영혼이 다시 소생케 되었는데 왜 내가 새로운 피조물이 아니란 말인가? 할렐루야! 내 영혼의 활력소인 예수님의 생명의 기운은 영원, 영원토록 없어지지 않도다!! 아멘-.

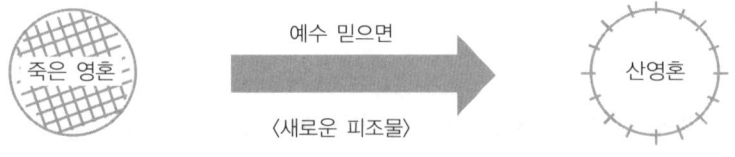

D) 썩어 없어질 육신에게 부활 생명이 부여 되었다!

예수를 믿으면 그 영혼이 생명을 얻을 뿐 아니라 육신의 생명도 부활 생명으로 덧 입는다. 부활의 소망을 가르치는 성경 고전 15:22에는,

"아담 안에서 모든 사람이 죽은 것 같이 그리스도 안에서 모든 사람
　이 삶을 얻으리라"

고 말하고 있다. 또한 요11:25-26에서 예수님은 말씀하시기를 "나는 부활이요 생명이니 나를 믿는 자는 죽어도 살겠고 살아서 나를 믿는 자는 영원히 죽지 아니하리니…"라고 하셨다. 얼핏 생각하면 이 말씀이 이해가 되지 않을 것이다.

"아니, 살아서 예수를 믿으면 안 죽는다고?"

"그러면 지금까지 예수 잘 믿고도 죽은 사람들은 모두가 가짜 신자였나?"

오, 독자여! 주님의 말씀은 그런 의미가 아니다. 주님의 말씀은 이런 의미인 것이다. 예를 들어 우리가 잠자고 있는 어린 아이를 보고 죽었다고 말하지 않고 잠을 잔다고 하지 않은가? 죽은 자는 깨어나지 못하지만 지금 잠자고 있는 그 아이는 조금 있다가 깨어나기 때문에 죽었다고 말하지 못하는 것이다.

마찬가지다. 예수 믿는 성도는 육신이 잠시 영혼과 분리되어 잠을 자듯 쉬는 시간은 있어도 죽지는 않는다는 것이다. 왜? 육신은 얼마 있지 않아 주님 오시면 무덤을 뚫고 깨어나기 때문이다. 다시 깨어날 사람이 잠시

쉬고 있는데 누가 그를 보고 죽었다고 할 수 있는가? 그래서 우리 주님은 살아서 믿는 자는 영원히 죽지 않는다고 하셨던 것이다.

그러니 생각해 보라. 죽게 될 육신이었는데 예수를 믿으면 결코 죽지 않을 부활의 생명을 갖게 되었으니 그 놀라운 변화를 어찌 새로운 창조사건이라고 아니할 수 있겠는가?

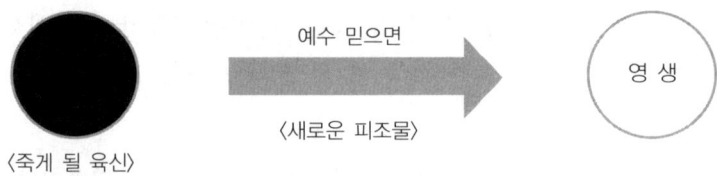

E) 죄인이 의로운 신분을 획득하게 되었다!

죄인 된 우리가 예수를 믿어 의로운 자가 되었다는 것은 앞에서 각별히 설명을 했기 때문에 더 이상 설명이 필요 없을 것이다. 자! 믿기 전까지의 '죄인'이었던 자가 예수를 믿어 '의롭게' 되었는데 이 어찌 새로운 피조물이 아니란 말인가?

이전 것(죄인)은 지나갔으니 보라 새 것(의인)이 되었도다! 아멘 —

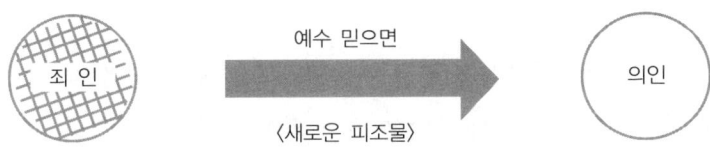

F) 성령이 거하시는 성전이 되었도다!

예수를 구주로 믿는 모든 자에게는 하나님의 거룩하신 성령이 그들을 성전 삼고 임재 해 계신다(고전 3:16).

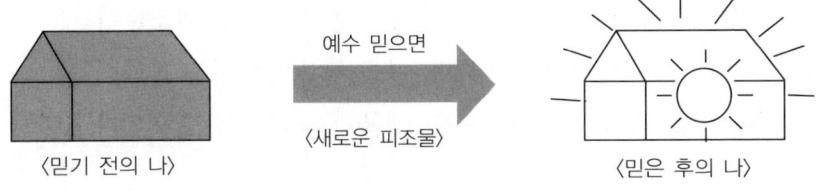

성경은 인간의 육체를 집(장막)으로 비유하기도 하는데 믿기 전에는 나의 집은 아무도 살지 않는 캄캄한 집이었다. 가끔 악령과 귀신의 처소

가 되기도 했었다. 엡2장을 보면 불신자를 묘사하면서 허물과 죄로 죽은 자요, 공중 권세 잡은 자 마귀의 지배아래 있는 자들이라 하였다.

그런데 어느 날 예수라는 분을 마음속에 구주로 모셨을 때 나의 집은 어느새 성령님이 거주하시는 밝은 집이 되어 있었다. 내 집의 주인이 바뀐 것이다! 할렐루야!

얼마나 확실한 변화인가? 이전 집은 지나갔으니 보라 새 집이 되었도다!

지금까지 대강 여섯 가지 정도로 왜 믿는 자는 새로운 피조물인가 하는 것을 살펴보았다. 이 외에도 얼마든지 말할 수 있을 것이다. 이제 그 어떤 독자라도 자기가 예수를 믿는 자라면 이미 새롭게 된 피조물이라는 것을 믿음의 법으로 확신하리라 믿는다. 나를 쳐다보지 말고 그리스도가 이루어 놓으신 진리를 붙잡을 때 우리는 새롭게 된 확신을 갖게 된다.

이제 이 「확신」 부분을 마치면서 하나님께서 독자들의 마음을 열어 죄 사함의 확신과, 의를 획득한 확신과, 거듭난 확신을 굳게 굳게 심어 주시어 자신이 새로운 피조물임을 조명하여 주시기를 간절히 기도한다. 성령의 감화와 진리를 깨우쳐 주시는 성령님의 도우심이 없이는 우리가 확신한 일에 거하기가 쉽지 않기에 기도하지 않을 수 없는 것이다.

〈기독교 강요〉를 읽어 보면 칼빈은 믿음의 본질적 특성중에 '확신(assuarance)'을 엄청나게 강조했다. 우리를 향하신 하나님의 위대한 구원의 선물들에 대해 우리는 성령의 인치심과 감화를 받아 분명하게 알고 마음에 확신을 가져야 한다고 역설했다. 심지어 칼빈은 구원의 확신이 없는 자는 장성한 신자가 아니라고 분명히 못 박는다. 그는 이렇게 썼다.

"구원의 확신에 의지해서 마귀와 사망에 대해 자신있게 그리스도인의 승리를 외치는 사람 외에는 참 신자가 아니다"

이 점에 대해 칼빈은 단호했다. '천국의 상속을 확신하며 자신있게 그것을 자랑하는 자 외에는 아무도 참 신자라 할 수 없다' 고 거듭 주장했다. 그는 참 신자는 자신이 하나님의 자녀임을 확실히 안다고 주장하며 그 근거로 성경 요일서3:1~2을 제시했다.

"보라. 아버지께서 어떠한 사랑을 우리에게 베푸사 하나님의 자녀라 일컬음을 받게 하셨는가. 우리가 그러하도다…

사랑하는 자들아 우리가 지금은 하나님의 자녀라...장래에는 그와
같을 줄을 아는 것은 그의 참 모습 그대로 볼 것이기 때문이니..."
아멘.

구원의 확신을 늘 가지고 주를 섬기는 것은 결코 쉬운 일이 아니다. 인간의 마음은 본래 불신으로 향하는 고질적 경향을 가지고 있기 때문에 '힘든 투쟁' (칼빈의 표현이다) 후에야 비로소 하나님의 진리를 확신하게 된다는 것이다.

이제 함께 찬송 한 장하고 다음 주제로 나아가자.

289장- 주 예수 내 맘에 들어와 계신 후

"주 예수 내 맘에 들어와 계신 후 변하여 새사람 되고
내가 늘 바라던 참 빛을 찾음도 주 예수 내 맘에 오심

주 예수 내 맘에 오심 주 예수 내 맘에 오심
물밀듯 내 맘에 기쁨이 넘침은 주 예수 내 맘에 오심

주 예수 내 맘에 들어와 계신 후 망령된 행실을 끊고

머리털보다도 더 많던 내 죄가 눈보다 더 희어 졌네

내 맘에 소망을 든든히 가짐은 주 예수 내 맘에 오심
의심의 구름이 사라져 버림도 주 예수 내 맘에 오심

사망의 음침한 골짜기 가다가 밝은 빛 홀연히 보고
저멀리 하늘문 환하게 보임도 주예수 내 맘에 오심
내가 저 천성에 올라가 살기는 주 예수 내 맘에 오심
천성에 올라가 주님을 뵈리니 그 기쁨 비길데 없네"
- 아멘 -

⑤ 육신(광야)

이제 우리는 '오직 믿음'과 '확신'의 장(章)을 통해 예수 그리스도로 말미암아 온전한 구원을 얻었음을 확실히 알게 되었다. 그런데 이제 온전한 구원을 얻은 우리에게 모든 문제가 해결된 듯 싶었더니 뜻하지 않은 골칫거리가 떡 앞길을 가로막고 있는 것이 아닌가? 그것이 바로 육신이다.

마치 이스라엘 백성이 애굽의 학정 밑에서 신음하다가 모세를 통해 인도함을 받아 출애굽하여 홍해를 건넜을 때 그들은 해방의 기쁨으로 만세를 불렀지만 이제는 그들에게 막막한 광야 길이 떡 버티고 있었던 것과 같은 상황인 것이다.

아무리 십자가와 믿음의 진리를 다 깨달아 죄에서의 자유와 해방을 알았다고 해도, 계속해서 자신을 타락으로 이끌어 가는 육신의 공격 때문에 우리는 새로운 고민을 아니 할 수 없는 것이다. 산 넘어 산이라더니 '오직 믿음'의 법칙으로 죄에서의 해방이란 큰 봉우리를 넘었더니 이게 웬일인가? '육신'이란 크고 험난한 산이 우리 앞에 떡 버티고 있는 것이다.

이 '육신'의 산은 어떻게 넘어야 하는가?

그런데 냉엄한 현실은 아직 그 어떤 성도도 온전히 육신의 산을 정복한 자가 없다는 것이다.

베드로도, 바울도, 다윗도, 어거스틴도 육신의 산을 온전히 정복하지는 못했던 것이다.

신자와 육신과의 관계

신자에게 육신은 어떤 존재인가? 신자는 육신을 학대하고 굶기고 그래서 빼빼말라 죽게 해야 하는가? 아니면 구원받은 존귀한 몸이기에 무조건 변호해 주고, 꾸며주고, 자기 마음대로 하도록 자유를 주어야 하는가? 우리는 이 기회에 신자와 육신에 대한 분명한 관계설정을 정립하고 넘어가야겠다.

먼저 신자의 육신 그 자체는 사망을 선고받은, 죄로 물든 육신임을 기억해야 한다.

육신(광야)

　예수 믿으면 그 육신이 죽지 않는가? 아니다. 신자건 불신자건 육신은 죽어 흙으로 돌아간다. 그것은 곧 신자의 육신도 죄로 물들어 죄에 감염되어 있음을 입증하는 증거이다. 죄의 삯은 사망이기 때문에 죽음을 맞는다는 것은 육신이 죄에 빠져있다는 결과인 것이다. 자, 여기까지 얘기를 진행하면 생각이 깊은 독자는 금방 질문을 하나 던질 것이다.

　　"아니, 분명히 나의 주님께서 나의 육신의 죄를 지시고, 죄의 삯인
　　사망을 당하셨는데 예수 믿는 내 육신이 또 죄로 인해 죽어야 한다
　　면 두 번 심판 받는 것 아닙니까?"

　얼마나 지혜로운 질문인가? 여기서 우리는 신자의 이중적 육신의 정체에 대해서 깨닫지 않으면 안 된다. 그것은 지금 신자에게 있는 육신은 거듭난 새 생명의 일부가 아니요, 옛 생명에 속한 부품이라는 것이다. 이 부분에서 성령님의 깨닫게 하시는 지혜가 우리와 함께 하시기를 기도한다.

　그러면 새로운 피조물이 된 크리스챤의 새생명에 속한 육신은 어디 있는가? 그것은 주님이 십자가에 달리실 때 주와 함께 죽어 장사되었고, 그 후 하나님 안에 감추어져 있는데 주님이 재림하여 오실 때 부활하여 다시

내 영혼과 화합하게 될 것이다. 그렇다. 이 사실에 눈을 뜨라!

성경을 세심하게 읽어보면 육신을 둘로 나누어 얘기하고 있음을 알 수 있는데 옛사람에게 속한 부품이면서 현재 나에게 붙어 있는 이 몸을 가리켜 육의 몸 혹은 사망의 몸 이라 하고, 새 사람에게 속하였으면서 현재 하나님 안에 숨겨져 있는 몸을 신령한 몸 또는 영의 몸 이라고 부른다.

"육의 몸으로 심고 신령한 몸으로 다시 살아나나니
육의 몸이 있은 즉 또 영의 몸도 있느니라(고전15:44)"

지금 형제의 육신은 새 사람의 것이 아니요, 옛 사람의 소유인 것이다. 그것이 이제 사망을 당할 때를 기다리며 아직 당신에게 붙어 있는 것이다. 당신은 결코 그와 같은 썩어 없어질 사망의 누더기를 소유한 주인이 아니다. 실제 당신의 육신은 주님이 십자가에 죽을 때 같이 죽었고, 그 후 하나님 안에 감추어져 있으면서 부활의 그 날을 기다리고 있는 것이다. 예수님만 먼저 육체와 함께 삼일 만에 부활하셔서 부활의 첫 열매가 되셨지만, 나머지 열매인 성도들의 육체는 아직 부활하지 않고 주님의 재림의 때를 기다리고 있는 것이다. 이제는 다음의 말씀이 이해가 되리라 믿는다.

육신(광야)

"이는 너희가 죽었고 너희 생명이 그리스도와 함께 하나님 안에 감취었음이라. 우리 생명이신 그리스도께서 나타나실 그때에 너희도 그와 함께 영광 중에 나타나리라.
그러므로 땅에 있는 지체(지금의 육신)를 죽이라. 곧 음란과 부정과 사욕과 악한 정욕과 탐심이니 탐심은 우상숭배니라(골 3:3-5)"

이제 이 사실이 너무도 신비롭고 또한 귀중한 진리이므로 다시 한번 반복해 드린다. 신자에게는 옛 사람의 시기가 있었고 새 사람의 시기가 있다. 예수를 믿지 않아 거듭나지 못했을 때가 옛 사람의 시기요, 예수 믿고 다시 태어난 이후의 시기가 새 사람의 때인 것이다.

그런데 옛 사람이 예수를 믿어 새 사람으로 다시 태어나기 위해서는 반드시 죽음을 거쳐야 한다. 이 죽음을 신자는 예수님을 통해 거치게 되는데 주님이 십자가에 돌아가실 때 내 육신도 같이 죽은 것이다. 그리고는 그 때 주님과 같이 죽은 내 육신이 아직 살아나지 않고 부활의 때를 기다리고 있다는 것이다. 다음의 성경 구절을 읽을 때 주께서 빛을 비춰 주시기를 기원한다.

"무릇 그리스도 예수와 합하여 세례를 받은 우리는 그의 죽으심과 합하여 세례 받은 줄을 알지 못하느뇨. 그러므로 우리가 그의 죽으심과 합하여 세례를 받음으로 그와 함께 장사 되었나니 이는 아버지의 영광으로 말미암아 그리스도를 죽은 자 가운데서 살리심과 같이 우리로 또한 새생명 가운데서 행하게 하려 함이니라.
만일 우리가 그의 죽으심을 본받아 연합한 자가 되었으면 또한 그의 부활을 본받아 연합한 자가 되리라(롬 6:3-5)"

아멘.

현재 내게 붙어 있는 이 육신은 옛날 믿기 전부터 있었던 옛사람의 육체로써 이미 사망선고를 받아 사망의 날을 기다리고 있는데 죽기 전까지 자기 버릇을 남 주지 못하고 신자를 죄로 이끌려고 애를 쓴다는 것이다. 그러기에 새 사람의 부품인 거듭난 영혼과 옛 사람의 부품인 육신이 투닥투닥 싸우는 것이 오늘 크리스챤의 땅위에서의 모습인 것이다.

이와 같은 사실을 알고 사도 바울은 이렇게 기록했던 것이다.

"내 속사람으로는 하나님의 법을 즐거워하되 내 지체 속에서 한 다른 법이 내 마음의 법과 싸워 내 지체 속에 있는 죄의 법 아래로 나를 사로잡아 오는 것을 보는도다. 오호라. 나는 곤고한 사람이로다. 이 사망의 몸(육의 몸)에서 누가 나를 건져내랴. 우리 주 예수 그리

육신(광야)

스도로 말미암아 하나님께 감사하리로다. 그런즉 내 자신이 마음으로는 하나님의 법을 육신으로 죄의 법을 섬기노라."(롬 7:22-25)

"육체의 소욕은 성령을 거스리고 성령의 소욕은 육체를 거스리나니 이 둘이 서로 대적함으로 너희의 원하는 것을 하지 못하게 하려 함이니라."(갈 5:17)

"만일 너희 속에 하나님의 영이 거하시면 너희가 육신에 있지 아니하고 영에 있나니 누구든지 그리스도의 영이 없으면 그리스도의 사람이 아니라. 또 그리스도께서 너희 안에 계시면 몸은 죄로 인하여 죽은 것이나 영은 의를 인하여 산 것이니라."(롬 8:9-10)

이제 이 사실을 한번 더 확실히 알기 위해서 간단한 그림을 그려 설명해보자.

인간의 육신을 성경에는 장막 집으로 비유한 곳이 있는데(고후 5:1), 그러한 진리에 착안하여 ① 에덴동산의 인간 ② 타락 후 인간 ③ 예수 믿고 거듭난 인간 ④ 부활 후의 인간의 모습을 그림으로 그려보면 다음과 같다.

① 에덴동산의 인간

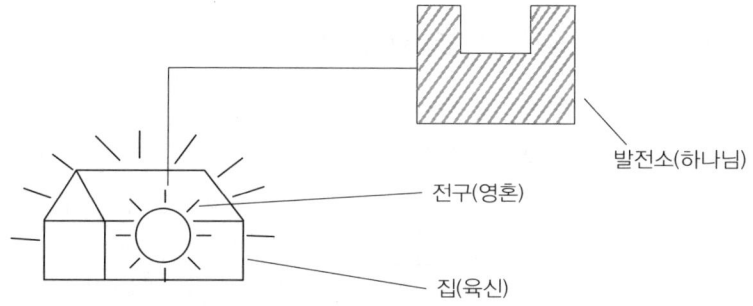

〈빛이 온전히 밝게 비추인다.〉
―속에 전구에도 밝은 불이 켜있고 바깥 집도 투명한 유리가 되어 속의 빛을 그대로 반사하기 때문에

② 타락한 인간

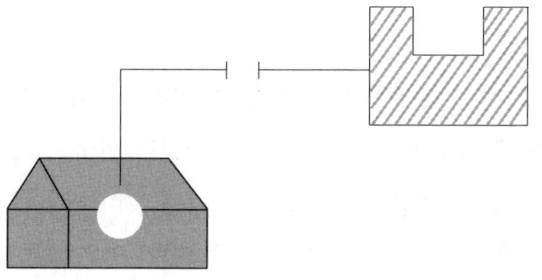

〈빛은 하나도 없고 완전한 어두움이다.〉

－죄로 말미암아 하나님과 인간의 영이 단절되어 속에 전구가 꺼져버렸고 바깥 집도 검디검은 죄악의 먼지로 덮여 버렸기 때문이다.

③ 예수믿는 이 땅위의 신자

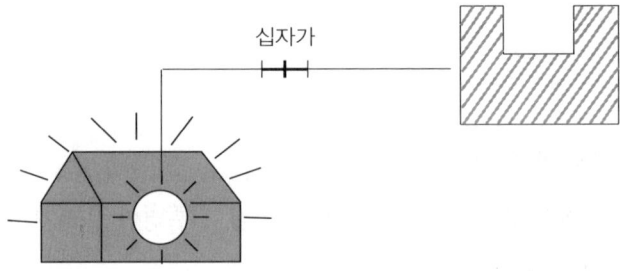

〈빛이 새어 나온다〉

－죄로 인해 단절 되었던 곳이 죄를 십자가로 해결하신 예수로 말미암아 다시 연결되어 전구에 빛이 들어왔다.

그러나 여전히 바깥 집은 죄악의 먼지로 덮여 있어서 그 빛을 차단하려 하고 있다. 이제 이 그림에서 보듯이 속에 있는 전구의 밝기가 더 강해질수록 밖으로 나오는 빛은 더 밝고, 속에 있는 빛이 어두워질수록 밖에 있는 검은 장막 때문에 희미한 불빛으로 전락함을 알 수 있다.

④ 부활후의 성도

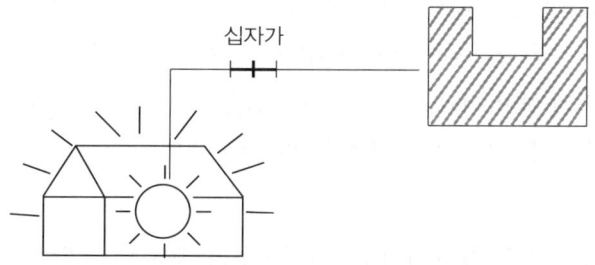

〈속에 있는 전구의 빛이 온전하게 밖으로 비추인다.〉
 -①번 그림과 다른 것이 있다면 바깥집의 투명한 재료가 다시는 죄의 먼지로 검게 뒤덮일 가능성이 ④번은 전혀 없다는 것이다. 속에 전구가 꺼질 염려도 전혀 없다. 아멘.

이와 같은 4가지 그림을 보고 독자가 진리를 깨달을 수 있었다면 이제 이 땅위의 신자에게 주신 주님의 다음과 같은 말씀들의 의미를 금방 이해할 것이다.

"그러므로 네 속에 있는 빛이 어둡지 아니한가 보라!
네 온 몸이 밝아 조금도 어두운 데가 없으면 등불의 광선이 너를 비출 때와 같이 온전히 밝으리라 하시니라(눅 11:35-36)"

육신(광야)

"너희는 세상의 빛이라. 산 위에 있는 동네가 숨기우지 못할 것이요, 사람이 등불을 켜서 말 아래 두지 아니하고 등경위에 두나니 이러므로 집안 모든 사람에게 비취느니라. 이같이 너희 빛을 사람 앞에 비취게 하여 저희로 너희 착한 행실을 보고 하늘에 계신 너희 아버지께 영광을 돌리게 하라"(마 5:14-16) 아멘.

이렇게 주님이 말씀하신대로 우리는 우리 속에 있는 영혼의 빛이 얼마나 밝은가를 늘 살펴야 한다. 영혼의 빛은 어떻게 하면 더욱 밝아지는가? 그것은 성령의 기름이 많이 부어 질수록 밝아진다. 그러면 성령의 기름은 무엇으로 이루어져 있는가? 그것은 기도와 말씀의 주성분으로 되어 있다. 아무리 직책이 높을지라도(목사님, 장로님 일지라도) 성령의 기름 떨어지면 어두워지는 것은 어쩔 수 없다. 기도와 말씀을 늘 가까이 하지 않으면, 그때가 기회다 싶어서 죄악이 덤벼들어 내 영혼을 초토화시켜 버린다.

질그릇 같이 연약하고 타락되어 있는 나의 육신은 결코 우리의 체면을 봐주지 않는다. 내가 여전도회 회장이라 할지라도 기도와 말씀이 부족하여 성령의 기름이 내 영혼에 모자라게 되면 즉각 당신은 원수의 손아귀에서 놀아나게 될 공산이 크다. 삼손 같은 장사라도 머리카락이 잘리면 힘을 잃고 노리개 감이 되듯, 우리의 신앙경력이 아무리 화려하다고 해도 순간순간 성령으로 무장하지 않으면 마귀와 육신에게 당할 수밖에 없는 것이다.

독자여, 정신을 차리고 근신하자. 싸우자. 육의 몸을 죽이라! 성령으로 무장하라! 하루에도 열두 번씩 육신이 날뛰지 못하도록 자신을 죽여야 한다! 혹시 패배하는 일이 일어나도 결코 실망하지 말고 주의 이미 구원해 주신 은혜를 의지하면서 오뚜기처럼 다시 일어나 전투 태세를 정비하고 원수를 대적하라! 최후 승리는 우리 것이니!

우리는 지금 신자와 육신과의 관계에 대해서 살펴보고 있다. 신자의 영혼은 새 생명을 입었지만 육신은 여전히 믿기 전의 그 타락된 육신이라 이 두 세력 간의 싸움의 연속이 신자의 삶이라고 하였다. 그러면 이제 왜 하나님께서 내가 예수를 믿는 바로 그 순간에 육신도 천사처럼 죄를 짓지 않는 신령한 몸으로 바꾸어 주시지 않고 영혼만 새생명을 입게 하셨는가를 생각해 보아야겠다.

어떤 사람들은 도대체 그런 것 따져서 실제 신앙생활에 무슨 유익이 되느냐고 의문을 가질지 모르겠지만 그것은 잘 몰라서 하는 소리다.

육신(광야)

진리는 우리의 신앙생활에 결정적인 토대가 된다. 확실한 진리를 붙잡고 그 위에서 신앙생활을 할 때 바람이 불고 풍랑이 일어도 기초가 튼튼한 고로 무너지지 않는 것이다. 진리의 깨달음은 곧바로 삶과 인격과 믿음을 구사하는 일에 영향을 끼치게 됨을 간과해서는 안 되리라.

왜 광야가 있는가?

하나님은 이스라엘 백성을 출애굽 시킨 후 왜 바로 그들을 가나안 땅에 이끌지 않고 광야를 통과하게 하셨는가? 하나님에게는 그것이 작은 일일 줄 모르지만 실제로 광야를 40년간 헤매야 했던 우리네 인간들에게는 얼마나 힘들고 고달픈 행로였겠는가? 필자는 언젠가 육신의 죄 때문에 너무 시달리고 괴로워서 하나님을 향해 이런 당돌한 절규를 했던 적이 있다.

"하나님, 도대체 어쩌자고 내 영혼만 새롭게 태어나게 하시고 육신은 그대로 두셨습니까? 당신의 아들이 이렇게 죄 때문에 고통 당하는 것이 하나님에게 좋은 구경거리라도 된다는 말씀입니까? 내가 이렇게 괴로워하는 것을 설마 하나님은 즐기고 있지는 않겠지요? 하나님, 망령된 말을 해서 죄송합니다.

하지만 하도 괴롭고 내 자신이 미워서 그런 말이 튀어 나왔습니다.
하나님. 언제까지 저는 이 악한 육신 때문에 고민해야 합니까?"

하나님은 그와같이 무엄하게 따지는 나에게 인자하시게도 다음과 같은 중요한 섭리를 깨닫게 해 주셨다.

첫째로, 내 자신이 얼마나 악하고 불의한 죄인인가를 뼈 속 깊이 알게 하여 겸손하게 하시려고, 땅에 있는 동안은 예수를 믿어도 옛 육신 그대로 남아 있게 하셨다는 것이다.

무슨 말인고 하면 인간은 원래 타락한 죄인들인지라 자기 자신의 못난 것은 숨기려 하고 잘 난 것은 악착같이 기억하고 남에게 은근이 자랑하려는 속성이 있다는 것이다.

그래서 심지어 초등학교 때 분단장 했던 것까지 기억하고, 상장 받은 것은 모조리 모아 벽에 걸어 놓기를 좋아하지만 자신이 지은 과거의 허물과 실수와 범죄들은 어떻게든 덮어버리려고 하는 것이 인지상정이다. 어느 집에 가 보더라도 자기의 죄악을 종이에 적어 상장처럼 벽에 붙여 놓지는 않는다. 그러한 인간의 속성을 하나님도 잘 아시는 지라, 만일 예수

육신(광야)

를 믿는 즉시 내 육신까지 신령한 몸으로 변화시켜 버리면 우리가 과거에 얼마나 타락하고 불의한 죄인이었던가를 잊어버리기가 쉽다는 것이다. 그러나 옛 육신을 그대로 남겨 놓으신 고로 우리는 날마다 나의 육신에는 선한 것이 하나도 없음을 고백하지 않을 수 없게 되고, 내가 이렇게까지 타락하고 못된 존재인데 나의 주님께서 피 흘리고 구원하셨구나 하는 것을 깨닫게 된다는 것이다.

그리고는 사도 바울의 고백처럼 나의 나 된 것은 오직 하나님의 은혜로 된 것이라는 간증을 안 할 수가 없게 만드신 것이다. 그렇다! 이것이 하나님의 차원 높은 뜻이다. 이 악한 육신을 통해, 주의 백성 된 우리는 날마다 순간마다 나의 타락한 모습을 여지없이 보게 되고 예수공로 아니었으면 지옥갈 수밖에 없었다는 탄식과 고백을 수없이 되뇌이지 않을 수 없게 되는 것이다.

이렇게 하여 내 영혼은 '겸손' 으로 옷 입게 되고 영원토록 주의 십자가 은혜만을 찬송하게 되는 것이다.

"네가 먹어서 배불리고 아름다운 집을 짓고 거하게 되며 또 네 우양과 네 소유가 다 풍부하게 될 때에 두렵건대 네 마음이 교만하여 네 하나님 여호와를 잊어버릴까 하노라. 여호와는 너를 애굽 땅 종 되었던 집에서 이끌어내시고 너를 인도하여 그 광대하고 위험한 광야 곧 불뱀과 전갈이 있고 물이 없는 건조한 땅을 지나게 하셨으며 또 너를 위하여 물을 굳은 반석에서 내셨으며 네 열조도 알지 못하던 만나를 광야에서 네게 먹이셨나니 이는 너를 낮추시며 너를 시험하사 마침내 네게 복을 주려 하심이었느니라(신 8:12-16)" 아멘-

보라! 이 성경말씀이 하나님이 왜 자기 백성들에게 광야를 통과하게 하셨는지에 대한 정확한 진의를 말하고 있지 않는가? 그것은 한마디로 우리를 "낮추시기" 위해서였다는 것이다. 그리고 마침내는 복을 주시려 하셨다는 것이다.

이스라엘 백성들은 광야를 통과하며 자신들의 무능을 깨달았고 하나님의 전적인 돌보심이 없으면 잠시도 살수 없는 자신들임을 날마다 구름기둥, 불기둥 아래에서 깨우쳤고 하늘에서 내리던 만나를 먹으면서 통감했던 것이다.

그럼에도 그들이 얼마나 광야에서 자주 지존하신 여호와를 배반했던가? 그들은 광야라는 하나님의 신앙 시험지에다 "빵점"이란 점수를 적어

냈다. 그들은 불평을 밥 먹듯 했으며 애굽으로 돌아가자는 반역을 수없이 되풀이 하지 않았던가?

결국 광야를 지나보니 이스라엘 백성이 애굽에서 구출되어 나온 것은 그들의 믿음이 좋아서가 아니라(털끝만큼도 아니다!) 오직 벌레 같고 지렁이 같은 이스라엘을 하나님이 불쌍히 여기사 전적인 은혜로 구원되었다는 것이 증명되고 말았다.

이스라엘 백성들은 자신들의 믿음의 실력을 여지없이 하나님 앞에 보여주었던 것이다.

이것은 오늘 우리에게도 적용되어야 한다. 우리가 만일 믿자 말자 그 순간에 몸이 신령하게 변화되고 말았다면 우리는 우리의 본 실력을 제대로 파악하지 못하게 될 가능성이 농후하다. 그래서 믿지 않는 자들의 범죄와 불신을 보고 자기는 의로운 척 그들을 판단하게 되며, 자신은 불신자들과 다르기 때문에 구원받게 되었다고 오해할 수 있다는 것이다.

독자가 혹시 아니라고 우길지 모르지만 실상은 그렇다. 우리네 타락한 아담의 후손은 자기도 모르게 자신의 더러운 모습을 덮어버리는 교활함이 있음을 아무도 부인하지 못하리라. 그렇기에 우리는 믿은 후부터 이 세상을 떠나기 까지 내 육신을 통해 본래 내가 얼마나 타락한 존재인가를 뼈속 깊이 알게 된다. 오늘 절망하고 내일 탄식하고…… 그러면서 왜 나 같은 벌레를 구원하셨는가? 하는 감사와 구원의 감격이 교차되며 우리는 한없이 그의 발아래 엎드려 눈물 흘리게 되는 것이다.

> "웬말인가 날 위하여 주 돌아 가셨나? 이 벌레 같은 날 위해 큰 해 받으셨나?
> 내 지은 죄 다 지시고 못 박히셨으니 웬 말인가 웬 은혠가 그 사랑 크셔라.
> 나 십자가 생각하면 그 일이 고마워 내 얼굴 감히 못 들고 눈물 흘리도다.
> 늘 울어도 그 눈물로 못 갚을 줄 알아 몸 밖에 드릴 것 없어 이 몸 바칩니다."

독자여! 내 자신의 불의한 육신의 자아를 보면서 날마다 겸손히 낮아지자. 지옥 밑창까지 낮아지자. 영락없이 무력한 죄인임을 고백하자.

그리고 이 벌레만도 못한 나를 구원하시려 십자가에 피 흘려 죽어주신 그 분을 목 놓아 노래 부르자. 그러면 하늘에 계신 아버지께서 감격해 하

육신(광야)

시며 우리의 찬송을 받으실 것이다.

　둘째로, 왜 광야가 있는가 하면 하나님의 은혜를 온전히 깨달아 영원히 그 은혜만 칭송하고 나타나도록 하기 위해서라는 것이다. 우리 다시 한번 신명기 8:12-16을 읽어 보자.

　"네가 먹어서 배불리고 아름다운 집을 짓고 거하게 되며 또 네 우양과 네 소유가 다 풍부하게 될 때에 두렵건대 네 마음이 교만하여 네 하나님 여호와를 잊어버릴까 하노라. 여호와는 너를 애굽땅 종 되었던 집에서 이끌어 내시고 너를 인도하여 그 광대하고 위험한 광야 곧 불뱀과 전갈이 있고 물이 없는 건조한 땅을 지나게 하셨으며 또 너를 위하여 물을 굳은 반석에서 내셨으며 네 열조도 알지 못하던 만나를 광야에서 네게 먹이셨나니 이는 너를 낮추시며 너를 시험하사 마침내 네게 복을 주려 하심이었느니라."

　결국 어떻게 하시려고 광야 길을 허락하셨다고 하는가? 마침내 내게 복을 주시려고 광야를 통해 우리를 낮추셨다고 했다. 우리는 이러한 사실을 모르고 때때로 광야 길에 지쳐서 내가 혹시 가롯유다는 아닐까? 나는 왜 이럴까? 나는 택함 받지 못한 자식이 아닐까? 하는 깊은 자기 학대에 빠질 때가 있다.

그러나 우리는 그러한 인간적인 사고방식에서 벗어나 믿음의 도리를 굳게 붙잡아야 한다.

내가 구원받은 것은 나의 의로운 행위로 말미암은 것이 아니라 주 예수님의 십자가 공로로 이루어진 것이니 날마다 시간마다 나의 썩은 육신의 모습을 지켜보면서 우리는 하나님 앞에 지옥 갈 죄인밖에 다른 자가 아니었음을 인정하는 겸손과, 이 같은 영 죽을 죄인을 구원하시려 십자가에 못 박히심으로 날 마침내 구원하신 나의 구세주의 은혜를 찬미하면 된다.

내 육신의 썩은 냄새를 맡으면서 우리는 십자가에서 흘리신 주님의 피의 냄새를 동시에 맡으며 그 구원의 은혜를, 그 구속의 은혜를 목 메이게 노래하게 되는 것이다. 눅 7장 후반부에 등장하는 두 사람은 얼마나 대조적인가? 한 사람은 철저한 종교인으로서 예수님이 자기 집에 들어왔을 때 발 씻을 물도 주지 않았다. 그러나 창녀는 예수님의 발을 눈물로 범벅이 되게 하여 씻었다. 왜? 그녀는 자기 같은 더러운 인간을 용서해 주신 예수님의 은혜가 하늘보다 높고 높았기 때문이다. 그녀는 평생을 주님의 은혜에 대한 감격으로 살았을 것이고, 하늘 보좌에 앉으신 주님 곁에서 지금도 그 분의 은혜만을 노래하고 자랑하고 있을 것이다.

육신(광야)

사랑하는 주안의 형제들이여!

당신은 어느 편에 속한가? 바리새인 시몬과 같은 마음인가? 아니면 그 창기와 같은 마음인가? 만일 그녀와 같은 뜨거운 눈물의 감격으로 예수님의 십자가를 붙들 수밖에 없는 처지라면 당신은 틀림없이 자신의 육신의 타락성을 깊이 깨달은 자이다. 결국 그와 같은 주의 은혜에 대한 눈물어린 감격은 자신의 본래의 타락한 모습을 적나라하게 보게 된데서 출발하기 때문이다. 이렇기 때문에 하나님은 자신의 은혜가 더 은혜 되게 하시려고 땅에 있는 동안만큼은 변화되지 않은 옛 육신을 믿는 자들에게 그대로 남겨 놓으신 것이다.

셋째로, 우리가 바라는 부활의 소망이 모든 자에게 같은 날 같은 시간에 똑같이 이루어지게 하시려고 주님은 육신의 신령한 변화를 미루고 계신 것이다. 생각해 보라. 몸이 신령한 몸으로, 예수님 같은 영광의 형상으로 변화 받는 것은 주님이 재림하시고 죽은 성도들이 부활할 때 이루어지는 일인데 만일 이런 일이 예수를 믿자마자 각 개인에게 이루어진다면 얼마나 불공평하고 무질서하겠는가?

아직 하늘에서 그 영혼이 안식하고 있는 앞서간 많은 성도들은 신령한 육신을 입지도 않았는데 땅위에서 내가 예수를 구주로 영접하는 즉시 신령한 몸으로 변화되어 버리면 하늘에 있는 자들과 조화가 되지 않는 것이다. 뿐만 아니라 우리 모든 그리스도인들의 한결같은 소망인 부활도 그 의미가 없어져 버리게 된다.

왜냐하면 지금 땅위에서 내가 예수 믿어 영혼이 거듭나고 육신이 신령한 몸으로 변화되었는데 더 이상 무엇을 기다리고 바라겠는가? 바로 이러한 여러 가지 이유 때문에 하나님은 그의 깊으신 경륜을 따라 우리에게 옛 육신을 이 세상사는 동안은 허락하신 것임을 우리는 알아야 한다.

마지막으로, 왜 광야가 있는가? 즉 왜 육신(변화되지 않은)이 믿는 우리에게 남아 있는가? 그것은 우리에게 자발적인 섬김을 요구하시는 하나님의 사려 깊은 배려 때문이라는 것이다. 무슨 말인고 하면, 가령 내가 예수 믿는 즉시 신령한 몸을 입게 되어 버리면 지상에서 경건 되게 살고 교회봉사하며 그 분의 뜻에 순종하는 것은 내 의지가 아니라 그냥 저절로 그렇게 될 수밖에 없어서 순종하는 꼴인 것이다. 내 몸이 신령하기 때문에 전혀 죄가 생각나지도 않을 뿐 아니라 세상의 죄가 유혹을 해도 본능적으로 그것에 등을 돌려 넘어가지 않게 된다.

자, 이렇게 되면 물론 우리야 죄짓지 않아 좋기는 하겠지만 하나님은

육신(광야)

우리를 자율적인 완성된 인격으로 창조하셨는데, 내가 하나님께 순종하는 것이 나의 인격으로 된 것인지 저절로 된 것인지 분별할 수가 없게 되므로 하나님의 창조섭리에 어긋나게 되는 것이다.

하나님은 로봇의 순종을 원하지 않는다. 에덴동산에서 선악과를 두시고 우리들이 자발적으로 하나님의 뜻에 순종하기를 원하셨던 것처럼, 지금은 믿는 자들에게 육신을 남겨 놓으시고 그 육신을 좇지 말고 영을 좇아 살라고 요구하시는 것이다(롬 8:13).

은행 일을 자동으로 처리하는 기계를 통해 업무를 보려고 버튼을 누르면 기계음이 들린다. "어서오세요! 카드나 통장을 넣어 주세요!..." 하나님은 그런 프로그램화 되어있는 기계적이고 무인격적인 섬김을 원하시지 않는다. "하나님,예배를 받으세요! 경건을 받으세요!..." 하고 기계적인 삶을 로버트처럼 산다면 그 경건이 하나님께 무슨 의미가 있겠는가? 사랑은 기계가 할 수 없다. 인격과 인격만이 사랑의 관계를 맺을 수 있는 것이다. 하나님이 원하시는 것은 나에게서 자유함 가운데 자발적으로 사랑을 받고 싶어 하신다. 타락한 육신을 가지고서도 죄의 병기로 쓰지 않고 의의 병기로 육신을 활용하여 성령의 힘으로 하나님을 영화롭게 하시기를 진정으로 원하시는 것이다.

이제 정리해 보자. 왜 광야가 있는가? 즉 왜 이 타락한 육신을 뒤집어쓰고 신자가 이 세상을 통과해야 하는가?

그것은 우리를 낮추시기 위해서라고 했다. 하나님은 자신이 어떤 존재인줄도 파악하지 못하는 교만한 자녀와 영원히 살고 싶지 않으신 것이다.

또한 하나님의 은혜가 얼마나 큰 것인가를 우리로 깨닫게 하시기 위해서라고 했다. 우리는 신앙생활하면서 내 육신의 형편없는 모습을 볼 때에 그때마다 이런 못된 것을 구원하여 주신 주님의 큰 은혜를 잊지 말아야 한다.

또한 우리에게 정해진 때에 놀라운 부활의 축제를 주시려고, 우리의 자율적인 사랑을 받으시려고 광야를 주셨다고 했다.

어찌 그 뿐이겠는가? 그 이상의 더 깊고 오묘한 감추어진 하나님의 경륜이 얼마든지 있을 것이다. 아직 다 깨닫지 못할 뿐인 것이다. 그렇지만, 이제 거울로 보는 것처럼 희미한 진리를 우리가 부분적으로 알았다고 할지라도 이 깨달은 진리로 인해 하나님을 신뢰하면서 이왕 하나님의 뜻이 계셔서 우리에게 육신을 허락하신 것이라면 성령의 힘을 의지하고 육신과 싸워 더 많은 순종을 하나님 아버지께 드리려는 자세가 가장 바람직한 성도의 태도이리라. 아멘—

육신을 잘 다루는 성도의 지혜

경건하고 정결한 삶에의 열망은 모든 구원받은 하늘 시민들의 공통된 욕구이다. 우리의 경건생활의 삼 대 원수인 마귀와 세상과 육신이 아무리 말세를 사는 우리 성도들의 영혼을 병들게 하려고 공격해도 우리는 거룩한 삶을 포기하지 않는다. 왜? 그것이 하늘 시민의 표지이기 때문이다.

그러므로 정결한 삶에의 추구는 거듭난 신자라면 누구나 열망하는 주제인데 가장 가까운 걸림돌인 우리의 육신을 어떻게 다루느냐에 따라 열매는 크게 달라진다. 바울 사도는 자기는 날마다 육신의 죄된 욕망에 대해 죽는다고 했고 자신의 몸을 친다고도 했다.

"내가 내 몸을 쳐 복종하게 함은 내가 남에게 전파한 후에 버림이 될까 두려워 함이로다(고전 9:27)"

"형제들아 내가 그리스도 예수 안에서 너희에 대한 나의 자랑을 두고 단언하노니 나는 날마다 죽노라(고전15:31)"

바울이 버림이 될까 두려워 했다는 말을 구원의 확신이 흔들리는 진술이라고 오해하지 말기 바란다. 바울은 구원을 확신했던 사람이다. 그가 여기서 두려워 한 것은 다름 아닌 하나님이 쓰시는 일에 버림받을까 두렵다는 것이다. 그렇다! 이런 두려움은 우리 모두가 가지고 있어야 한다. 잘 나가던 유명한 부흥사가 7계명을 범하여 교회에서 쫓겨나고 하나님의 쓰시는 일에 버림이 되었다. 우리는 이런 일이 나에게 닥칠까 두려워하고 떨어야 하며 조심해야 한다. 이것은 구원의 문제가 아니라 하나님께 쓰임 받는 문제인 것이다. 육신을 쳐서 복종시키지 않고 육신대로 끌려다니기만 하면 하나님은 결코 그를 들어 쓰실 수 없다. 더러운 그릇은 하나님의 쓰시는 그릇이 아니기 때문이다. 이사야 선지자를 쓰시기 전 하나님은 제단 숯불로 그의 입술을 태워 정결케 하신 다음 그를 들어 쓰셨다. 어떤 목사님은 순간의 혈기를 못 참고 큰 싸움을 일으켜 물의를 빚고 역시 교회를 사임하게 되었다.

그래서 바울은 날마다 순간마다 자신의 혈기를 죽이고, 음란을 죽이고, 게으름을 죽이고, 세속의 야망을 죽였던 것이다.

육신(광야)

나는 특별한 경우가 아닌 한 수염을 매일 깎는다. 이제 분명히 사정없이 면도칼로 깎았는데도 어느새 자라 있다. 어제 깎았다고 오늘 소홀이 하면 얼굴은 금방 지저분 해 진다. 육신의 죄성도 이와 같다. 죽여도 죽여도 끊임없이 올라오는 것이 죄성이다. 어제 이겼다고 오늘도 저절로 이겨지지 않는다. 금방 은혜받고도 일 분이 못되어 시험에 들 수 있는 것이 우리들이다. 예배시간에 실컷 은혜받고 집에 들어가 크게 부부싸움을 할 수 있는 것이 질그릇 같은 우리들이다. 그러니 깨어 근신하고 시험에 들지 않게 늘 기도해야 하는 수밖에 없다. 주님 손에 쓰임받는 인생이 되고 싶다면...

금방 예수님과 성만찬을 하고 찬미하며 성령충만하여 감람산으로 갔던 주님의 제자들이 육신의 피곤함에 굴복하고 기도하지 않았을 때 순식간에 그들은 시험에 들어 예수님을 버려두고 나 몰라라 도망갔다. 그것이 바로 우리들 모습 아닌가? 그러니 우리는 우리의 육신이 사고치지 못하도록 감시를 철저히 하고 깨어 근신해야 한다. 섰다고 생각하는 순간 넘어질까 조심해야 한다. 봉사 잘하고 난 후 교만할까 조심해야 한다. 교만이 내 맘에 침투하는 속도는 빛의 속도보다 빠르다. 영적 교만이 더 무섭다. 죄가 내 맘에 침투하는 속도는 순간 이동이다. 바늘 끝만한 틈을 보이면 죄는 어느새 마음에 들어와 있다. 그래서 우리는 시험에 들지 않기를 끊임없이 기도해야 한다.

　오, 주여! 우리에게 은혜를 베푸셔서 육신의 정욕과 안목의 정욕과 이 생의 자랑에서 승리하게 하소서…아멘.

6 성결의 첫걸음 - 「믿음과 생명」

"**대**저 하나님께로서 난 자마다 세상을 이기느니라. 세상을 이긴 이김은 이것이니 우리의 믿음이니라"(요일 5:4)

우리는 지금까지 믿음으로 얻는 구원의 효과에 대해 여러 면에서 점검해 보았다. 이제 남은 문제는 구원 받은 자의 영적전투이다.

오직 주님의 공로만으로 구원을 얻게 된 것을 확실히 깨달아 그 은혜가 너무 귀하고 감사해서 이제는 주님의 뜻대로만 살아드리고 싶은데, 순간순간 튀어 나오는 나의 자존심과 신경질, 불친절, 그리고 욕심들……

이 글을 읽고 계시는 형제여, 그대는 어떠했는가?

처음 구원의 확신을 갖게 되었을 때는 하늘을 날 듯이 기뻤지만 얼마 있지 않아 죄에서의 해방이란 진리를 확신하지 못했을 때와 별반 다름없는 냉랭함으로 돌아와 버리지는 않았는가?

필자의 경험이 그러하였다. 입장을 바꿔놓고 생각하며 주님께서 날 위해 이루어 놓으신 완전한 구원을 발견했을 때 너무 너무 기뻤지만 그 꿈 같은 기쁨의 생활이 6개월 정도 지나니까 사그러들기 시작했다.

물론 '오직 믿음'의 법칙을 확신하지 못했을 때와는 달리 구원에 관한 것은 결코 흔들리지 않았으나 능력 있는 그리스도인의 삶을 살지 못하는 현실 앞에서 나는 또 고민해야 했다.

구원은 하나님이 이뤄주신 일이니까 걱정이 없었지만 맛을 잃어버린 소금으로 전락할 때, 빛이 희미하여 어둠인지 빛인지 구별할 수 없을 정도로 내 영혼이 헷갈렸을 때, 어찌 고뇌가 없었겠는가?

더구나 늘 말씀을 들고 성도들 앞에 서야하는 나의 직분의 처지에서 얼마나 힘들었겠는가? 실패하고 나면 늘 회개하며 분석했다. 성령 충만하지 못해서 넘어진거야, 깨어 근신하지 못해서 그런거야, 기도를 너무 적게 해서, 말씀 묵상을 소홀히 해서……. 항상 패인은 그렇게 쉽게 포착하였다.

그래서 철저히 회개하고 결심을 하기를 이제부터는 하루에 세 번을 다니엘처럼 기도하리라, 말씀 묵상 안하면 아침식사를 안할 것이다, 등등을 얼마나 외쳤던가? 그러나 독자여, 부끄럽지만 솔직히 고백하리라. 나는 한 번도 그런 결심으로 지속적인 승리를 맛보지 못했음을 실토하지 않을 수 없다.

그러나 역시 주 예수님은 때를 따라 돕는 은혜를 주시는 분이다. 주님께서 때를 따라 「구원의 확신」만 주신 것이 아니라 「성결된 삶을 살 수 있는 확신」까지도 주시고, 또 그러한 삶을 체험하게 하시고 계시기 때문이다.

독자여, 사실 우리가 조금만 솔직해 진다면 우리의 신앙생활이 얼마나 굴곡이 심한 가는 누구보다도 자신이 잘 알 것이다.

다람쥐 쳇바퀴 도는 생활은 누구를 두고 하는 말인가? 많은 신앙의 학생들이 수련회에 다녀 온 얼마동안은 뜨거운 신앙생활을 하고 하늘을 날을 듯이 기뻐하면서 활력 있는 경건의 삶을 살지만 부글부글 끓던 냄비가 금방 식어버리듯 다시 신앙이 곤두박질하는 경우가 얼마나 많은가?

이런 오르락 내리락의 과정을 거듭하다 보면 나중에는 아무리 해도 지속적인 경건생활은 불가능하다고 스스로 판단하고 포기해 버린다. 그러나 우리의 경험이 어떻든지 간에 성경은 그리스도인이 지속적인 경건생활을 하는 것이 분명코 가능하다고 말하고 있다. 이제 그 경이로운 말씀들을 우리의 눈으로 확인해 보자.

"그러므로 하늘에 계신 너희 아버지의 온전하심과 같이 너희도 온전하라.(마 5:48)"

자, 이 말씀은 독자에게는 「그림의 떡」인가? 아니면 먹을 수 있는 「생명의 떡」인가? 주님은 결코 불가능한 것을 자기 백성들에게 요구하시지 않는 분이심을 독자도 부인하지는 않으리라. 그런데도 주님은 이 말씀을 하고 계시는 것이다.

마태복음 14장으로 가보자. 거기에는 주님께서 제자들에게 또 놀라운 것들을 요구하고 계시는데 하나는, "갈것 없다. 너희가 먹을 것을 주어라"(16절)이고, 또 한 가지는 "베드로야, 물위로 건너오라(29절)"는 말씀이다. 자, 도대체 자신들의 먹을 것도 없는 형편에서 그렇게 많은 군중들을 어떻게 먹일 수 있다고 주님은 '너희가 먹을 것을 주어라' 고 하셨을까? 베드로가 무슨 능력이 있다고 그에게 물위로 건너오라고 하셨을까?

그러나 결과는 독자도 잘 알듯이 제자들은 그 많은 무리들을 그날 저녁 다 배불리 먹였고 베드로는 물위로 걸어갔었던 것이다! 주 예수님은 어떤 것을 우리에게 요구할 때 결코 불가능한 것을 요구치 않음을 우리는 명심해야 한다.

성경 마 5장-7장의 산상보훈을 읽으면서 어떤 신자는 어떻게 오른 뺨을 치면 왼 뺨도 돌릴 수 있으며, 오리를 가자고 하면 십리를 갈 수가 있겠는가? 하고 그 말씀을 자신과는 상관없는 꿈같은 이야기라고 생각할지도 모른다. 그러나 결코 그렇지 않다. 주님은 우리가 할 수 있는 것 외에는 그 어떤 것도 요구하시지 않는다. 우리의 주님을 심술궂은 목자로 오해하지 말라. 얼토당토 않는 높은 수준의 삶을 요구하고는 그렇게 살지 못해 내가 죄책감을 느끼고 괴로워 하는 것을 은근히 즐기시는 그런 분으로 결코 주님을 생각지 말라. 거듭 말하거니와 그 분은 당신이 할 수 있기에 요구한 것이다.

요한복음 14장을 넘겨보라. 거기 12절에 무어라고 적혀있는가?

"내가 진실로 진실로 너희에게 이르노니 나를 믿는 자는 나의 하는 일을 저도 할 것이요 또한 이보다 더 큰 일도 하리니 이는 내가 아

버지께로 감이니라." 아멘 -

할렐루야! 주님의 놀라우신 도전의 말씀을 깊이 새겨두자. 주님이 하늘에 계셔서 우리에게 성령으로 역사하기에 우리는 주님이 하신 일을 할 수 있는 것이요, 그보다 더 큰 일도 할 수 있는 것이다. 주님은 성결하게 사셨다. 그렇다면 나도 그 분의 영의 도움을 받아 그렇게 살 수 있는 것이다.

"할 수 있거든이 무슨 말이냐? 믿는 자에게는 능치 못할 일이 없느니라(막 9:23)."

이러한 주님의 교훈을 받은 사도 베드로도 동일한 말씀을 하고 있다.

"오직 너희를 부르신 거룩한 자처럼 너희도 모든 행실에 거룩한 자가 되라(벧전 1:15)."

될 수도 없는 일을 황당무계하게 지금 베드로 사도가 우리에게 요구하고 있는가? 아니다. 결코 아니다. 그것이 가능하기 때문에 베드로는 요구하고 있는 것이다.

이제 요일서 5장을 찾아보자. 4절에 이렇게 기록하고 있다.

"대저 하나님께로서 난 자마다 세상을 이기느니라. 세상을 이긴 이 김은 이것이니 우리의 믿음이니라."

보라. 예수를 하나님의 아들로 믿는 신자라면 누구나 세상을 이길 수 있다고 하지 않는가? 세상을 이긴다는 것은 세상의 임금인 마귀를 이긴다는 것이요, 죄악을 이긴다는 말씀인 것이다. 이제 성경의 가르침은 명백해 졌다. 크리스천이 경건된 생활을 지속적으로 유지하는 것은 가능하다는 것이다.

롬 8:37에서 바울은 "이 모든 일에 우리를 사랑하시는 이로 말미암아 우리가 넉넉히 이기느니라."고 외쳤다. 그냥 이기는 정도가 아니고 넉넉히 이긴다는 것이다. 요일 5:3에서 요한사도는, "하나님을 사랑하는 것은 이것이니 우리가 그의 계명들을 지키는 것이라. 그의 계명들은 무거운 것이 아니로다."고 했다.

하나님의 계명은 무거운 것이 아니라고 가르치는 요한 사도의 가르침이 틀렸단 말인가? 아니다. 그 말씀은 곧 진리의 말씀이다. 천지가 변하여도 그 말씀은 변함없이 진실로 옳은 말씀이다. 예수 믿는 거듭난 신자가 하나님의 말씀을 따라 사는 것은 그렇게 힘든 일이 아니다. 쉬운 일이다. 자연스럽게 할 수 있는 일이다. 얼마나 쉬운가하면 한국 사람이 한국말 하는 것만큼 쉽다. 한국 사람에게 독일어를 해보라고 하면 쥐어짜서 겨우 십분 만에 한 단어를 얘기할지 모르지만 한국 사람이 한국말 하는 것은 끙끙댈 필요도 없다. 그냥 술술 말이 나온다. 이것이 그리스도인의 정상적인 삶이다. 그런데 왜 지금까지 우리는 그렇게 살아보지 못했을까? 그 이유는 무엇보다 믿음에 의지하지 않고 노력에 기초를 놓았기 때문이다.

노력이나 결심으로는 어림도 없다

인간 노력과 결심의 한계를 빨리 알면 빨리 알수록 당신에게 유익하다. 당신이 자신의 굳은 의지나 결단으로 그리스도가 요구하시는 거룩한 삶을 살 수 있다고 생각하는 한 당신은 결코 지속적인 승리생활을 맛보지 못하리라. 그것은 모래 위에 집을 지어놓고 그 안에서 주먹을 불끈 쥐고 쓰러지지 않으리라 다짐하는 것과 같아서 바람이 불고 홍수가 나면 안 넘어 지는 것이 비정상이 된다.

성결의 첫걸음 - 「믿음과 생명」

왜 우리는 안 되는 줄 알면서 안 될 것에 의지하여 「성결」을 얻으려고 헛수고를 하는가? 도대체 몇 백만 번 쯤 실패하고 난 뒤에야 인간의 결심과 노력으로는 하늘 시민의 삶을 살수 없다는 것을 알아차리겠는가? 주일마다 결심하고, 부흥회 때마다 결심하고, 수련회 때마다 결심하는데도 왜 당신의 삶은 뚜렷한 진보가 없는가?

우리는 종종 실패하고 난 후 항상 내 행동을 살펴본다. 아, 기도를 많이 안해서 그렇구나! 그리고는 기도를 많이 한다. 며칠 지나니 그래도 실패한다. 아, 기도만 했지 전도를 안해서 내가 실패 했군 하면서 억지로라도 전도하려고 애를 쓴다. 그러나 여전히 그의 영혼은 자주 연약해지고 생기를 잃어간다. 아, 맞다, 맞아. 성령 충만하지 못해서 그렇구나! 그렇게 생각하고 그는 다시 성령 충만을 위해 힘을 쓴다. 그러나 그것이 도대체 말이 안 된다. 무슨 말인고 하면 실컷 공부하고 시험을 쳤는데 성적이 형편없이 나온 어떤 수험생이 역시 나는 공부를 하지 않아서 그랬구나 하고 생각하는 것과 같다는 것이다.

달리 설명해 보면 배가 고픈 아이가 자기는 왜 배가 늘 고파야만 하는가? 나는 늘 밥을 많이 먹을려고 노력하는데 왜 나는 이렇게 자주 배가 고플까? 하고 고민하더니 결국 결론은 "밥을 많이 안 먹어서"라고 내렸다면 도대체 그것이 무슨 말이 되겠는가?

이제부터 우리는 말이 되는 말을 해보자. 성령 충만하지 못해서 경건하게 못 살았다는 말은, 말은 맞지만 우리에게 도움이 되지 않는다. 우리가 지금 고민하는 문제는 왜 항상 성령 충만하지 못 할까 하는 문제이기 때문이다. 기도하지 않기 때문이라고? 그것은 「해답」이 아니다. 문제는 왜 기도가 지속적으로 되지 않느냐는 것이기 때문이다. 노력을 안 하니까 그런다고? 그것은 「해답」이 못된다. 문제는 왜 노력이 지속적으로 안되느냐인 것이다. 우리는 계속해서 이런 난해한 「해답」같은 좋은 말에 속아온 것이다.

이쯤해서 성결한 삶에 대한 필자의 견해를 밝혀야 겠다.
오직 믿음으로만 된다!

천국을 믿음으로만 갈 수 있듯이 「성결된 삶」도 믿음으로 출발할 때만 가능해 진다.

"하나님의 아들을 믿는 자가 아니면 세상을 이기는 자가 누구뇨?" (요일 5:5). 아멘-

지금 필자는 성결 된 삶은 노력이나 결심으로는 어림도 없다는 것을 얘기하고 있다. 물론 그 말은 신앙생활에 있어서 경건생활을 위한 훈련이나 노력, 그리고 결단이 필요 없다는 뜻은 결코 아니다. 단지 그것만 가지고는 성결 된 삶을 온전히 살 수 없다는 것이다. 거기에 반드시 필요한 것이 「믿음과 생명」인 것이다.

먼저 「믿음」에 대해 생각해 보고 나중 「생명」부분을 다루고자 한다. 「믿음」으로 인한 기적의 역사를 모르는 한 우리는 승리하는 삶의 가장자리에만 머물 뿐이다.

필자는 중학교 1학년 때 예수님을 안 이후 지금껏 끝없이 성결을 추구해 왔지만, 「믿음」이 성결의 비밀인 것을 알 때까지는 승리하는 신앙생활의 진수를 맛보지 못했었다.

그러나 이 「믿음」의 기적을 깨닫고 난 후부터는 승리하는 삶을 물어오는 많은 크리스천들에게 필자는 서슴없이 「믿음」의 능력을 소개해 준다. 그 진리를 들은 많은 신앙인들의 생활에 큰 변화가 일어남을 목격하였다.

현대의 많은 크리스찬들을 크게 두 분류로 나누어 보라 한다면 광야에 있는 신자와 가나안에 있는 신자로 나눌 수 있다. 출애굽을 하기는 했지만 (구원을 받기는 했지만) 여전히 광야에서 헤매는 생활의 연속인 신자들이 있는 반면, 약속된 가나안에 들어가 원수를 쳐서 정복하는 삶, 승리하는 삶을 영위하는 크리스찬들이 있는 것이다. 이 글을 신중히 읽고 계시는 독자여, 당신은 어느 편에 속한다고 생각하는가? 광야에서 방황하는 신자인가? 가나안에서 승리를 구가하는 신자인가?

「믿음」의 기적

이스라엘 백성이 광야에서 가나안으로 들어가는 길목엔 철철 넘치는 요단강이 버티고 있었다. 그들은 그 요단강 앞에서 속수무책이었다.

그때 하나님께서 여호수아를 통해 기적을 약속하셨다. 제사장들을 앞세우고 요단강 물로 직접 걸어 들어가면 요단강의 허리를 잘라 길을 열어 주시겠다고 하신 것이다. 믿음의 사람 여호수아는 그 말씀을 굳게 믿고 백성들에게 그대로 전달하였고 그 결과 그들은 요단강을 육지같이 건너 가나안으로 들어갔던 것이다.

성결의 첫걸음 – 「믿음과 생명」

　보시라! 독자여. 그들이 가나안에 발을 디딘 것은 그들의 노력과 결단의 결과가 아니라 하나님이 약속하신 바를 굳게 믿고 받아들여 순종한 결과가 아닌가? 이와같이 가나안의 승리하는 삶은 반드시 「믿음」이 출발점이 될 때에만 가능하다. 독자는 계속 이 책을 읽어 가는 가운데 그 사실을 확연히 알게 되고 성결의 놀라운 진보를 가져오게 될 것이다.

　이제부터 필자는 성경을 통해 「믿음」이 얼마나 중대한 결과를 가져오는가를 증명해 보이겠다. 우선 물어보자. 우리 같은 타락한 인간들이 어떻게 그 영화로운 천국에 갈 수 있게 되었는가? 두말할 것도 없이 예수를 구주로 믿는 「믿음」을 인해서이다. 지옥 갈 수 밖에 없는 운명이었던 내가 「믿음」으로 천국가게 되었다면 성결 된 삶도 「믿음」으로 가능하지 않겠는가?

　당신은 머리를 저으며 이렇게 말할지 모르겠다. "그렇지만 나는 아무리 생각해 봐도 이 세상에서 지속적인 승리생활은 불가능하다고 봐요. 도대체 이 나약한 인간이 어떻게 이 죄 많은 세상에서 하나님의 말씀대로 살 수 있단 말입니까?"

　옳다. 일견 그 말이 훨씬 설득력이 있어 보인다. 그러나 한가지 물어보

자. 당신 같은 죄인이 천국에 갈 수 있는 것이 도대체 꿈에라도 가능한 일이었는가? 전혀 불가능한 일이었지 않는가? 그러나 당신은 천국 가게 될 것을 의심 없이 믿고 있으며 또한 그 믿음은 틀림없는 사실로 나타날 것이다.

그렇다면 죄로 인해 지옥 갈 죄인이 천국의 영광을 누릴 자로 변해버린 것이 사실이라면, 이 세상에서 지속적인 경건을 추구하는 삶이 무조건 불가능 하다고만 고집할 수 있겠는가? 애당초 기독교 신자가 되었을 때부터 우리는 불가능 하게만 여겨지던 것이 예수 안에서 모두 해결되어 진다는 것을 수없이 보아왔지 않은가? 주홍같이 붉은 죄가 예수의 십자가 피를 믿을 때에 흰 눈같이 되지 않았는가? 나면서부터 죄인 되었던 우리가 예수를 믿을 때에 값없이 의롭게 되어버리지 않았는가? 주의 얼굴 뵙기 전에 멀리 뵈던 하늘나라가 그를 믿은 후엔 내 맘속에 이뤄지지 않았는가? 허무와 혼돈과 어두움, 그리고 무질서로 꽉 채워진 내 영혼이 믿은 후엔 하나님의 거룩하신 성령으로 채운바 되지 않았는가?

오오, 독자여! 상상할 수 없는 풍요가 그리스도 안에 있음을 깨달아 알자. 그 분은 우리에게 생명을 주실 뿐만 아니라 더 풍성한 생명을 주시는 분이시다(요 10:10).

그분은 우리를 죄에서 구원하신 분일뿐만 아니라 또한 죄를 능히 이기게 하시는 분이시다. 우리 이제부터 지금까지의 나의 신앙생활이 실패 투성이었다 할지라도 능력 많으신 주님을 주목해 보자. 분명 그 분에게 나를 승리케 하실 비책(秘策)이 있다. 그것이 바로 「믿음과 생명」인 것이다.

구약 민수기 13장, 14장을 유심히 읽어 본 신자라면 「믿음」이 있는 것과 없는 것이 얼마나 엄청난 차이를 가져오게 되는가를 실감할 것이다. 가나안 앞에서 이스라엘 백성이 진을 치고 12명의 정탐군들을 보내었을 때에 40일 동안 가나안을 탐지하고 온 12지파의 두령들이 각각 무어라고 보고 했던가? 여호수아와 갈렙을 제외한 10명의 정탐군들은 이스라엘 온 백성과 지도자들 앞에서 근심스럽고 두려운 얼굴로 떨면서 말했다.

> "우리가 두루 다니며 탐지한 땅은 그 거민을 삼키는 땅이요 거기서 본 모든 백성은 신장이 장대한 자들이며 거기서 또 네피림 후손 아낙 자손 대장부들을 보았나니 우리는 스스로 보기에도 메뚜기 같으니 그들이 보기에도 그와 같았을 것이니라"(민 13:32).

그러자 온 이스라엘 회중이 소리를 높여 울부짖으며 밤새도록 백성이 통곡하여 이르기를 우리가 애굽으로 다시 돌아가는 것이 낫지 아니하겠냐고 했다. 그때 12명의 정탐군 가운데 일행이었던 갈렙이 백성을 안심시키며 큰 소리로 외치기를 "우리가 곧 올라가서 그 땅을 취하자. 능히 이기리라" 하였다.

여호수아도 자기 옷을 찢으며 목이 터지라고 외치기를, "오직 여호와를 불신하지 말라. 그 땅 백성을 두려워하지 말라. 그들은 우리의 밥이라. 그들의 보호자는 그들에게서 떠났고 여호와는 우리와 함께 하시느니라. 그들을 두려워 말라."(민 14:9)고 하였다.

그러나 믿음 없는 이스라엘 회중이 10명의 나약한 정탐군들의 말을 받아들이고 여호수아와 갈렙의 의견을 배척하며 하나님을 원망하자 하나님은 그들에게 분노하시고 40년을 광야에 더 머물게 하시며 여호수아와 갈렙 외에 그 불신하던 백성들을 그들의 믿음대로 아무도 가나안을 정복하는데 참여하지 못하게 하였던 것이다.

독자여, 나는 이 글을 쓰면서 온 몸에 비장한 전율과 감동을 느끼고 있다. 하나님의 백성이 하나님의 능력을 믿느냐 안 믿느냐가 이렇게 엄청난 결과를 가져오게 됨을 그래도 당신이 실감하지 못하겠는가? 「성결 된 삶」 앞에서 당신은 메뚜기처럼 스스로를 비하시키며 벌벌 떠는 자인가? 아니면 여호수아와 갈렙처럼 그것은 나의 밥이다, 능히 이기리라고 믿음을 구사하는 자인가? 행여 이 글을 읽기 전까지는 그런 승리의 믿음이 없던 자라 할지라도 지금부터라도 여호수아와 갈렙을 본받지 않겠는가?

이렇게까지 말씀을 드려도 그래도 「믿음」이 가져오는 기적에 대해 확신하지 못하는 분들이 있을까 봐 이제 마태복음을 많이 훑어보며 증거 해야 하겠다. 성경을 이 책 옆에 놓고 함께 연구해 보도록 하자.

마태복음 5-7장의 산상보훈을 마치신 예수님께서 산에서 내려와 활동하시는 역사가 8장부터 나오는데 8장을 펼쳐놓고 주님의 행적을 추적해 보자. 8장을 시작하자마자 「믿음」의 기적이 나온다. 한 나병환자가 주 예수께 나아와, "주여, 원하시면 저를 깨끗케 하실 수 있나이다"고 했다. 얼마나 확고한 믿음인가? 주님은 그 「믿음」을 보시고 즉시 손을 내밀어 저에게 대시며 이르시기를, "내가 원하노니 깨끗함을 받으라" 하셨다. 여기서 그 문둥병자의 말, "주여 원하시면…"과 예수님의 말씀, "내가 원하노니" 하는 말은 얼마나 의미심장한 대화인가? 믿음을 나타내 보이는 문둥병자와 그 믿음대로 채우시고 역사하시는 주님의 모습이 너무나 아름답다.

형제여, 그대도 지금 "주여, 원하시면 저를 승리하는 삶으로 이끄실 수 있습니다." 하고 믿음의 고백을 해보지 않겠는가?

8장에는 계속 「믿음」의 기적들이 나타난다. 한 백부장이 주님께 나아와 자기 하인의 병을 고쳐달라고 간구하자 예수님은 집으로 가서 고쳐주시겠다고 했다. 그때 그 백부장은 자기 집에 예수님이 오심을 감당치 못하겠다고 하면서 그냥 말씀만 하셔도 자기 하인이 회복되리라고 했다. 그때 우리 주님은 몹시 기뻐하시며 이스라엘 중에도 이만한 믿음을 만나보지 못했다고 칭찬하셨다.

그리고 말씀하시기를, "가라, 네 믿음대로 될 지어다"고 하셨다. 독자여, 바로 이것이다. 필자가 지금 집요하게 강조하고 있는 사실이 바로 이 말씀이다. "네 믿음대로 될 지어다"

확실히 그건 예수님의 입술에서 나온 진리의 말씀이다. 그러므로 독자가 성결 된 삶, 지속적인 승리의 삶이 가능하다고 굳게 믿는 한, 당신은 그 믿음의 댓가를 얻게 될 것이다.

이제, 승리하는 신앙생활은 「믿음」이 출발점이 되어야 한다는 거듭된

성결의 첫걸음 - 「믿음과 생명」

필자의 주장이 조금 이해가 되는가?

주 예수님은 8장에서 계속 「믿음」의 역사에 대해서 가르치고 있는 바 23절부터 읽어보자. 예수님과 제자들이 배를 타고 바다를 건너 갈 때 예수님은 너무 피곤하셔서 주무시고 계셨는데 큰 풍랑이 몰아 닥쳤다. 그때에 제자들은 사색(死色)이 되어 이젠 죽었구나 하고 두려워하며 예수님을 깨웠다. 그때 주님은 제자들을 향해, "어찌하여 무서워하느냐? 믿음이 적은 자들아" 하시고 바람과 바다를 꾸짖어 잠잠하라고 하시자 아주 잔잔하게 되었다.

형제여, 자매여. 예수님께서 폭풍도 말씀 한 마디로 잠잠케 하실 수 있는 분이심을 정말 믿는가? 그렇다면 왜 당신의 삶을 능력 있는 그리스도인의 삶으로 그 분이 못 이끄시겠는가? 믿음이 적은 자여, 어찌하여 의심하는가? 주 안에서는 모든 것이 가능한 것을……

9장을 보자. 2절에 무어라고 쓰여 있는가? "…예수께서 저희 믿음을 보시고……" 그렇다. 거듭 말하거니와 「믿음」이 있어야 기적이 일어난다.

22절은 어떤가? "딸아, 안심하라. 네 믿음이 너를 구원하였도다" 주님은 자기 옷자락을 믿음으로 만진 병든 여인을 돌아보시면서 그렇게 말씀하셨던 것이다. 그렇다면 "ㅇㅇ야, 안심하라. 너의 성결하게 살수 있다는 믿음이 그것을 가능케 하였도다!" 그렇게 주님이 말씀하시지 못할 이유가 어디 있겠는가?

27절부터는 또 어떤가? 두 소경이 소리를 지르며 예수님께 눈을 고쳐 달라고 애원할 때 주님은 무어라고 말씀하셨는가? "내가 능히 이 일 할줄을 믿느냐?" 그때 그들이 믿는다고 하자 주님이 고쳐주시면서 무어라고 하셨는가? "너희 믿음대로 되라" 아멘. 할렐루야!

하늘의 신비한 기적의 역사는 「믿음」을 통로로 해서만 이 땅위에 펼쳐지도다! "너희 믿음대로 되라"는 주님의 음성에는 그러한 믿음이 없으면 기적을 맛보지 못할 것이요, 참으로 주님의 능력을 믿는다면 그 믿음대로 기적이 일어난다는 말씀이 내재되어 있다. 그렇다면 승리하는 삶, 성결된 삶에는 왜 이 진리를 적용하려 하지 않는가? 그 두 소경이 눈을 뜨기 위해 노력을 했던가 결단을 했던가? 아니면 주님이 능히 자기들을 고쳐주실 것을 믿었던가?

독자여, 이제 조금이나마 알겠는가? 「믿음」이 성결의 기초임을 정말 이제 알겠는가?

　마태복음을 계속 살펴보는 것은 지면관계상 여기서 생략하리라. 시간이 나면 독자가 계속 성경을 넘기면서 「믿음」이 기적의 역사를 일으키는 데 얼마나 필수적인가 하는 것을 살펴보기 바란다. 사실 그런 눈으로 성경을 보노라면 모든 말씀이 대부분 우리의 「믿음」을 촉구하는 말씀임을 발견하게 될 것이다.

　이와 같이 성결 된 삶도 노력이나 결심 이전에 「믿음」부터 가지고 출발해야 성공한다.

　왜냐하면 이 죄악으로 물든 육신을 가지고 악한 세상에서 늘 경건하게 살기란 내 노력으로 불가능하기 때문이다. 불가능한 일은 하나님의 역사로 인한 기적밖에는 다른 해결이 없다. "할 수 있거든이 무슨 말이냐 믿는 자에게는 능치 못할 일이 없느니라"(막 9:23)

　이제 다음 말씀이 실감이 가는가?

　"너희 믿음이 겨자씨만큼만 있어도 산을 움직이리라"(마 17:20)

산은 안 움직이더라도 내 신앙생활은 움직여야 하지 않겠는가? 주 안에서 능히 승리의 삶을 살 수 있다는 굳은 「믿음」이 당신을 새로운 차원의 그리스도인 삶으로 이끌 것이다. 독자여, 그런 식으로 생각하고 계속 기도 하며 추구해 보라. 깨달음과 확신의 문이 활짝 열릴 것이다.

허드슨 테일러의 고백

중국 내지 선교회를 이끌며 뜨거운 전도활동을 펼쳤던 선교사 허드슨 테일러는 그의 자서전에서 자신의 신앙생활의 중요한 변화의 순간을 간증한 적이 있다. 그는 비록 선교사가 되어 머나먼 이방의 땅 중국에서 생명의 위협을 느끼며 복음을 전하는 큰 믿음의 용사였지만 그럼에도 문득문득 죄와의 투쟁에서 실패하여 크나큰 마음의 고통을 지니고 있었다.

그는 영국의 자기 여동생에게 쓴 편지에 이렇게 적었다.

"나는 금식하고, 철야하고, 노력하고, 다시금 결심도 하며, 더욱 열심히 성경을 읽고 묵상하는데 더 많은 시간을 할애해 보았지만 이 모든 것이 아무 소용이 없었다. 거의 매일, 매시간 죄책감이 나를 짓눌렀다.

그런 다음엔 또다시 자문해 보곤 했다. '무슨 해결책이 없을까? 계속 번민하면서 승리는커녕 실패만 거듭해야 한단 말인가?'

나는 자신을 미워하고 죄를 증오해 보았지만 대처할만한 능력이 생기는 것도 아니었다. 나는 하나님의 아들이라는 생각을 했다. 하지만 자녀로서의 특권을 누리는 방법에 관해서는 도저히 알 수가 없었다.

기도나 예배 등 은혜를 받을 수 있는 방법을 총동원해서 열심히 추구하다 보면 차차로 거룩함 - 생활로 나타나는 거룩함 - 에 도달하리라 생각했다. 그러나 그것은 도저히 이루어 지지 않았다. 그러다가 내 영혼의 괴로움이 절정에 달했을 때 내게 온 친구의 편지 한 장이 내 문제를 해결해 버렸으며 나는 거기서 비로소 지속적인 성결의 비밀을 발견하게 되었다. 오, 그 날은 얼마나 감격적인 날이던고!"

그 편지란 다름 아닌 함께 사역했던 친구 존 맥카시에게서 온 것이었다. 그 편지 속에는 그리스도 예수는 모든 것이 되시기 때문에 우리가 노력하고 애타하고 몸부림치려 하지 말고 다만 그분이 나를 떠나지 않고 나

성결의 첫걸음 - 「믿음과 생명」

를 돌보심을 믿기만 하고 주님 안에서 안식을 누리라는 편지였다.

사실 그런 내용은 그 이전에도 익히 알고 있던 것들이었으나 그 편지를 받던 날 하나님의 성령님은 자신의 경건생활의 실패로 괴로워하던 허드슨 테일러에게 전혀 처음 듣는 말씀처럼 깨닫게 해 주셨던 것이다.

그 후 그 주제에 대해 묵상하는 가운데 하나님의 성령은 그에게 새로운 통찰들을 주셨고 영의 눈을 더 환하게 뜨게 해 주셨다. 그의 생생한 고백을 들어보라.

"포도나무 비유에 관한 요15장을 묵상하고 있을 때 거룩하신 성령께서 내 영혼에 엄청난 빛을 쏟아 부어 주셨다.
나는 지금껏 주님으로부터 수액(樹液)과 충만을 받아내려고 바둥거리며 애쓰던 것이 얼마나 큰 잘못이었는가를 깨달았다. 그 분은 나를 떠나지 아니하실 뿐만 아니라 내가 그 분의 몸의 지체이며 그 분의 살과 뼈의 일부분임을 깨달았던 것이다!

나는 이제부터 나 자신을 억지로 가지로 만들려고 노력하지 않아도 된다. 주 예수님께서 나에게 이미 가지라고 말씀하셨기 때문이다.

나는 그 분의 일부이며 단지 그것을 믿기만 하면 되는 것이다. 내 구좌가 있는 상해의 은행에 가서 내가 50달러를 청구한다면, 은행 직원은 나의 청구하는 손은 거절하면서 말로만 이 돈이 테일러의 것이라고 할 수는 없을 것이다. 테일러 씨에게 속한 그것을 내 손은 당연히 받을 수가 있는 것이다. 그것은 내 몸의 일부이니까. 바로 그런 원리로 나는 그리스도 예수의 지체이므로 나는 나의 필요를 그 분의 충만으로부터 갖다 쓸 수가 있는 것이다. 아, 이 진리를 깨달은 이 기쁨이여…….

주 예수님은 포도나무요, 나는 그 분의 일부인 가지이니 나는 풍성할 수밖에 없고 나는 열매 맺을 수밖에 없도다!

더구나 그 분은 양분이시고 햇빛이시며 공기이시고 비(雨)이시다. 그 분은 내가 그토록 꿈꿔왔고 바래왔고 필요로 해왔던 것들보다 수 천, 수 만 배도 더 되시는 분이시다.

부활하사 높은 곳에 계신 구주와 더불어 하나가 된다는 것, 그리고 그의 한 일부가 된다는 것은 얼마나 놀라운 일인가?……"

할렐루야! 독자여, 허드슨 테일러의 영혼에 빛을 주었던 그 진리가 그

성결의 첫걸음 - 「믿음과 생명」

대의 심령에도 지금 메아리쳐 오지 않는가?

　승리생활의 기초가 노력이 아니고 믿음이라는 것을 조금이나마 깨닫겠는가? 예수 그리스도 그 분이 바로 나의 승리의 원천이신 것이 점점 확신으로 다가오는가? 그렇지 않다면 지금 잠시 무릎을 꿇고 기도하라. 보혜사 성령께서 희미한 마음을 깨우치셔서 진리를 보게 해 달라고… 아니면 주 예수 안에 있는 승리와 풍성을 믿음으로 누리기만 하면 된다는 진리가 어느 정도 파악이 되는 분들은 지금 주님을 찬양하라. 나를 능하게 하시고 승리케 하시는 구세주께 소리 높여 감사하며 그 분을 높이자. 나의 의가 되시며 나의 거룩이 되시며 나의 성결이 되시는 그 분을 노래하자. 할렐루야!

　전쟁에서 폭격으로 인해 신경적 충격을 받은 군인들은 정상적인 다리를 하고서도 걸을 수 없다고 생각한다고 한다. 그러면 정말 걸을 수가 없다. 노련한 의사는 그때에 그들이 걸을 수 있다고 믿도록 만든다. 그러면 실제로 걸을 수 있게 된다는 것이다.

　이와 같이 "믿음으로 걷는" 그리스도의 능력이 당신 안에 있다. 열다섯 살 난 소녀가 승리하는 삶에 대한 진리를 깨닫고 난 후 무슨 차이가 있었느냐는 질문에 이렇게 대답했다. 중요하니 잘 들어 보기 바란다.

"이 진리를 알기 전에는 제 기질과 싸움을 하곤 했어요. 그러면 항상 제가 졌었지요. 지금은 혈기가 제 마음 문을 두드리려고 하면 주님께 부탁합니다. 「주님께서 저 대신 문 좀 열어 주실래요?」 그러면 사단이 안에 계신 예수를 볼 때 「죄송합니다. 집을 잘못 찾았군요.」 하며 도망갑니다."

존 헌터의 간증

〈하나님을 제한하지 말라(Limiting God)〉라는 책 속에서 유명한 설교자 존 헌터는 어떻게 자신이 「찜」이라는 청년의 신앙 고민을 해결해 주었는가를 상세히 기술하고 있는데 우리 잠시 겸손하고 사모하는 맘으로 그 분의 간증을 들어보자.

"몇 달 전에 나는 약 19세 쯤 되어 보이는 청년 찜과 상담하고 있었다. 그는 몹시 심령이 상해서 나를 찾아왔다. 그의 꿈은 해외선교사가 되는 것이었는데 자신의 생활 속의 죄 때문에 괴로워 미칠 지경이라고 했다. 그는 죄사함의 진리도, 천국이 있는 것도 다 알지만 지금 당장 현실 속에서 승리생활을 못하는 자신 때문에 견딜 수가 없다고 했다.

그러면서 그는 마귀가 어떻게 자기를 생활 속에서 시험했는가를 설명했다. 그가 기도와 명상에 잠겨있는 순간에도 정욕적인 생각과 그런 모습들이 자기 마음속으로 파고 들어온다는 것이다. 그는 그런 추악한 생각들을 이기기 위해 얼마나 피나는 노력을 다했던가를 나에게 말하기도 했다. 그는 하나님께 그런 추잡한 생각을 제거하겠노라고 수없이 회개하고 결단하고 기도하며 새롭게 심기일전 했건만 마침내는 그 죄에 도로 빠지게 되어버린다는 것이었다.

'오, 어떻게 해야 내가 이런 죄에서 구출 받을 수 있을까요?' 그는 소리 소리 울부짖으며 안타까워했다. 그래서 우리는 일단 함께 기도하고 하나님의 말씀이 우리를 가르쳐 주시기를 간구했다.

처음 내가 그에게 말해주었던 것은 우선 시험(유혹)이 죄가 아니라는 사실부터였다. 이 사실이 그에게 다소 안심을 준 것 같았다(마귀는 그리스도인의 기쁨을 빼앗으려고 얼마나 애쓰는지 모른다. 만일 우리가 시험을 받는 것조차 하나의 죄라고 하는 마귀의 꾀임에 넘어가 고지식하게 믿어버리면 마귀는 전투에서 이미 반(半)은 승리하고 들어선 셈이 된다).

시험을 받는 것이 그 자체적으로 죄가 아니라는 사실을 확인하고 난 뒤 나는 롬 5:10을 펼쳐서 우리가 주님의 죽으심으로 구원받았고 그 분의 부활로 말미암아 일상적인 죄에서도 구출 받을 수 있음을 보여주었다.

나는 찜에게 그가 그토록 갈망하던 승리와 성결의 삶이 이미 그리스도 안에서 마련되어 있음을 알려 주었다. 예수 그리스도를 믿는 자 속에는 성령이 인격과 능력으로 살아계시는데 이 내주(內住)하시는 그리스도께서 어떻게 찜으로 하여금 원수의 시험을 능히 이기게 하실 수 있는지 나는 구체적으로 설명해 주었다.

나는 그에게 그의 마음이 T.V의 스크린과 같다는 사실을 상상해 보라고 제시했다. 이 마음의 스크린에는 갖가지 생각과 관념이 번뜩거린다. 마귀의 공격으로 이 스크린에 정욕적이고 난잡한 모습이 비치기도 한다. 비록 찜이 기도하고 있는 순간일지라도 그 스크린에는 갑자기 원수의 공격이 온다. 그럴 때 찜이 자기 마음에 파고든 생각을 제거하려고 노력한다는 것은 그런 생각을 되려 마음에 파고

들게 만드는 결과가 되어버린다. 악한 생각들을 제거하는 방법이란 그 악한 생각과 결사적인 전투를 벌려 맞붙어 싸우는 것이 아니라 그 악한 생각의 자리에 더 훌륭하고 강한 화면으로 대치시켜 내 보내야 한다는 것이다.

그 다음 찜과 나는 하나님의 말씀으로 돌아가 고전15:57에 있는 놀라운 말씀을 찾아 읽었다. "우리 주 예수 그리스도로 말미암아 우리에게 이김을 주시는 하나님께 감사하노라" 바로 거기에 찜이 당면했던 문제의 해결책이 있으니 곧 우리 주 예수 그리스도로 말미암아 승리하는 일이다.

원수가 찜에게 공격을 퍼부을 때마다 찜은 "주 예수님 감사합니다. 주님이 나의 승리입니다."라고 또렷한 의식을 가지고 주님의 승리를 선포하도록 지도 받았다.

찜은 처음엔 얼른 그 말이 안 나와 힘들었지만 계속 주님 안에서 승리를 선포하면서 자기의 "스크린"을 깨끗이 하기위해 그런 말을 무려 20내지 30번이나 반복했다. 날이 흐름에 따라 승리하는 역사가 많아졌고 그 승리를 선포하는 속도도 빨라졌다. 그는 악한 생각이 들어오려는 순간마다 재빠르게 방아쇠를 당기듯 주님의 승리를 선포했기 때문에 그 더러운 생각이 마음의 스크린을 장악하지 못했고 점점 승리의 자신감이 붙어 나중에는 온전히 그런 습관에서 벗어날 수 있었던 것이다…….″

사랑하는 독자여.

어떤가? 존 헌터 목사님을 찾아갔던 그 청년 쯤처럼 그대도 자신의 노력대신에 그리스도의 승리를 믿음으로 선포해 보지 않겠는가?

주님은 길이요, 진리요, 생명이시다(요 14:6). 성결생활에 있어서도 마찬가지다. 그 분만이 온전하게 성결을 유지하셨다. 따라서 그 분이 내 안에 살아 계셔서 나를 승리케 하심을 믿는 그 믿음의 순간에 원수는 멈칫 활동을 중단하게 되고 주님은 나의 믿음을 통로로 역사하시는 것이다. 할렐루야!

어떻게 그런 믿음을 발휘할 수 있는가?
—생명—

지금까지 성결의 첫 걸음은 「믿음」임을 생각했다. 이제 어떻게 하면 그런 믿음을 구사할 수 있는지 생각해 볼 차례다.

우리가 아무리 소리를 지르며 "주여, 믿습니다. 승리하게 될 줄로 믿습니다." 한다 할지라도 마음 깊은 곳에서는 확신이 안 들 수도 있다. 「믿습니다」를 백번 반복해서 믿음이 생겼다면 그건 자기 최면에 걸린 것이지 진정한 믿음은 아니다.

하나님께서 역사하시는 참 믿음이란 말씀 속에서 나오는 것이다. 그래서 롬 10:17에 믿음은 들음에서 나며 들음은 그리스도의 말씀으로 말미암느니라고 했다.

필자는 「성결하게 살 수 있다」는 믿음을 갖는데 결정적인 근거를 「생명」의 진리를 깨닫는데서 찾을 수 있었다. 그것은 요일서 5장 12절 말씀이었다.

성결의 첫걸음 - 「믿음과 생명」

"아들이 있는 자에게는 생명이 있고
아들이 없는 자에게는 생명이 없느니라." 아멘—

참으로 이 말씀은 나에게 「성결생활」에 대한 엄청난 빛을 비춰 주었다. 그 깨달음의 힘은 참으로 놀라운 것이었는데 내 신앙생활이 그 이전보다 판이하게 달라진 것은 바로 그 진리의 힘 때문이었다. 평강과 사랑, 쉼과 안식, 즐거움과 경건이 너무너무 쉽게 내 삶의 부분이 되었다.

물론 그 후로 한 번도 죄에 빠지지 않았다고 할 수는 없지만 금방 금방 회복이 되었고 십자가 샘물에 회개의 손으로 씻었으며 더 이상의 억눌림과 갈등은 내게 남아 있지를 않았다.

독자여, 「생명」의 법칙을 조금만 생각해 보라.

병아리가 창공을 날고 싶어 한다고 해서 뜻대로 되는가? 그가 혈서를 쓰고 결심을 하고 날개 짓을 연습한다고 해서 날 수가 있겠는가? 그것은 무모한 짓이다. 노력이나 결심을 해서 될 일이 있고 안 될 일이 있다. 병아리는 아무리 노력과 연습을 해도 하늘을 날 수가 없다! 마찬가지로 우리 타락한 인간이 아무리 노력을 하고 결심을 해도 온전하고 지속적인 「성결」은 이룰 수가 없다. 그러나 그 생명이 만일 병아리가 아니고 독수리의 생명이라면 어떻게 되는가? 그렇게 되면 이제 상황은 달라진다. 독수리 새끼가 조금만 연습하고 날개 짓을 해도 금방 하늘을 날 수 있게 된다. 여기까지 얘기하면 지혜로운 독자는 뭔가 크게 깨달아지는 부분이 있을 것이다. 그것은 인간 속에 새로운 생명이 들어간다면 새로운 역사가 일어나리라는 생각이다. 그렇다. 바로 그것이다!

우리 인간의 자연생명으로는 병아리와 같아서 하늘을 날 수는 없지만(말씀대로 사는 삶, 성결하게 사는 삶의 불가능성), 만일 우리 속에 하나님의 생명이 자리 잡게 된다면 하나님 말씀대로 사는 것은 너무나 쉬워지지 않겠는가? 한국 사람이 한국말 하는 것처럼 쉬운 일이요, 독수리가 하늘을 나는 것처럼 자연스러운 일이 아니겠는가?

오! 독자여. 이 사실은 얼마나 우리를 감격케 하고 승리의 엄청난 확신을 주는가? 이제 요일 5:12의 말씀을 암송해 보자.

'아들이(예수) 있는 자에게는 생명이 있고 아들(예수)이 없는 자에게는 생명이 없느니라' 는 말씀은 쉽게 말하면 예수 믿는 사람에게는 하나님의 아들 생명(곧 예수생명)이 그 속에 있고 예수(하나님의 아들)를 믿지 않는 자들에게는 예수생명이 그 속에 없다는 것이다.

독자여! 귀하는 하나님의 아들을 마음에 구주로 영접한 사람인가? 그렇다면 그대에게는 생명이 있다. 이 생명은 영적생명이요, 새 생명인데, 하늘로부터 온 것이요, 곧 예수의 생명인 것이다. 그렇다! 이 어마어마한 사실에 눈을 뜨라! 당신 속에는 예수의 생명이 자리 잡고 있나니 그대가 예수님처럼 사는 것이 어찌 어렵겠는가?

고양이가 쥐 잡는 것이 어렵겠는가?
사람이 걸어 다니는 것이 굉장히 어렵겠는가?
물고기가 물 속에서 10시간 20시간 아니 평생토록 견디는 것이 정말 어렵겠는가?

그렇지 않다는 것을 잘 알리라. 그렇다면「예수생명」을 지니고 있는 신자가 예수님 말씀대로 사는 것이 어렵겠는가? 불가능 하겠는가? 하루만 순종하고 다음날은 도저히 못 감당하겠는가? 그럴리가 없는 것이다. 원수가 오리를 가자고 하면 십리도 백리도 갈 수 있다.
왼뺨을 때리면 오른 뺨도 돌려댈 수 있다. 왜? 예수님이 그러셨으니까. 그 분의 생명을 갖고 있는 자도 그럴 수밖에 없지 않은가?

할렐루야! 참으로 생각하면 생각할수록 감격스러운 진리이다.

　하나님의 아들을 믿는 자들에게는 아들생명(예수생명)이 있다. 왜 신자가 부활하는가? 그것은 신자들 속에 부활생명(예수생명, 하나님의 아들생명)이 있기에 신자는 부활할 수밖에 없다. 왜 신자가 영생(永生)하는가? 그것은 우리들 속에 영생하는 생명(예수생명)을 간직하고 있기 때문이다. 왜 우리는 원수도 사랑할 수 있는가? 그것은 우리 속에 사랑의 생명(예수생명)이 내재되어 있기 때문이다. 그렇다면 이제 우리가 이 책에서 추구하고 있는「성결」의 문제는 어떤가? 누가 예수님처럼 살 수 있을까? 노력하는 사람? 금식하는 사람, 결코 아니다. 오직 그 분의 생명을 이어받고 있는 자 밖에는 그 분처럼 성결하게 살 자가 없다. 그러나 감사하게도 모든 신자는 그 분의 생명을 간직하고 있나니 ─ 요일 5:12 "아들이 있는 자에게는 생명이 있고" ─ 그러므로 하나님께로부터 난 당신과 내가 아니면 도대체 세상을 이기는 자가 누구이겠는가? 이제 사도요한의 다음과 같은 말이 이해가 되리라.

　　"대저 하나님께로서 난 자마다 세상을 이기느니라.
　　세상을 이긴 이김은 이것이니 우리의 믿음이니라.
　　예수께서 하나님의 아들이심을 믿는 자가 아니면

세상을 이기는 자가 누구뇨(요일 5:4-5)."

"내가 하나님의 아들의 이름을 믿는 너희에게
이것을 쓴 것은 너희로 하여금 너희에게 영생
(=영원한 생명= 예수 생명)이 있음을 알게 하려 함이라 (요일 5:13)."
아멘-

사랑하는 독자여, 그대와 나에게는 하늘의 생명이 있나니 그렇기에 하늘 시민으로서 거룩한 성도답게 사는 것은 너무나 쉬운 일이요, 당연한 일이요, 하나도 쥐어짜서 힘들게 살 필요가 없는 것이니 이 얼마나 감격적인가?

필자가 이「생명」의 진리를 깨닫게 된 동기가 있었는데 그것은 한국 부산에서 개척교회를 할 때였다. 신실한 강사 목사님을 모시고 부흥집회를 하는데 그 강사님의 생활이 너무나 존경스러워 보였다. 그 강사 목사님은 너무나 부지런 하셨고, 너무나 기도를 많이 하셨고, 너무나 성경을 많이 아셨으며 그 분에게는 풍성한 간증들이 있었다. 나는「비교의식」으로 처음부터 주눅이 들었다.

"나는 언제나 저렇게 될까······." 생각하니 너무나 거리감이 생겨서 오히려 절망만 되었다. 그런데 같이 동역하던 전도사님이 나에게 말하기를 자기는 그 강사 목사님의 모습에서 너무나 큰 신앙의 도전을 받았고 엄청난 충격을 받았노라고 했다. 그리고는 자기도 이제부터 그 목사님처럼 열심히 해보겠노라고 했다.

나는 그 말을 들으며 고개를 내저었다.

"아니, 전도사님. 도전받고 충격 받은 것이 이번 한 번 뿐입니까? 예전에도 수없이 도전받고 충격 받아 큰 결단을 했으면서도 다람쥐 쳇바퀴 돌듯 작심삼일 며칠 못가지 않았습니까? 이제 나는 그런 결심은 그만 하기로 했습니다. 해봤자 아무소용 없는 일인 걸 뭐하러 또 합니까? 나는 나 자신에게 실망을 느꼈기 때문에 더 이상 안 될 일을 결심해서 내 자신을 속이고 싶지 않습니다."

그랬더니 우리 전도사님은 그러면 어쩌란 말인가라는 표정으로 나를 바라보았다. 그때였다. 갑자기 성령께서 내 마음에 이런 생각을 하게 해주셨다. 정원에 장미꽃이 있는데 사람들이 보고 너무 너무 예쁘다고 감탄을 하고 지나갔다. 그런데 그 장미꽃이 사람들이 볼 때만 예쁘고 안 볼 때는 가시나무처럼 안 예쁘게 변해 버리던가? 아니다, 결코 아니다. 장미꽃은 그 자체 생명이 장미이기 때문에 예쁠 수밖에 없고 사람이 보든지 안 보든지 그 우아한 자태가 변할 수가 없는 것이다. 여기까지 생각이 미쳤을 때 내 마음 속에는 왜 나는 장미꽃 같은 삶을 살 수 없는가라는 자탄이 터져 나오면서 나에게는 그런 생명은 없고 단지 타락한 생명만이 있어서 이렇게 죄를 지을 수밖에 없는 존재구나 하는 안타까운 자학을 하고 있었다. 그때 갑자기 빛이 쏟아져 들어왔다. 성경 말씀이 너무나 선명하게 떠올랐던 것이다.

"아들이 있는 자에게는 생명이 있고……."

아, 나에게도 성결의 생명이 있단 말인가? 장미보다 더 아름다운 예수의 생명이 내게 있단 말인가? 정말인가? 정말인가? 나는 이내 성경 안에서 확신을 하고야 말았다. 요일 5:13에, "내가 하나님의 아들의 이름을 믿는 너희에게 이것을 쓴 것은 너희로 하여금 너희에게 영생(영원한 생명=예수생명)이 있음을 알게 하려 하심이라"고 했다.

오, 독자여. 솔직히 나는 그때까지 수없이 믿는 자는 영생을 얻었다는 걸 설교한 사람이었기에 그 말씀을 전에 몰랐던 건 아니었다. 그러나 그

전에는 막연히 영원토록 산다는 뜻으로 영생을 얻었다고 생각했지 그날 깨달음처럼 바로 영생이 곧 예수생명을 지칭하고 있는 것을 전혀 생각 못하고 있었던 것이다.

아, 우리의 영적무지로 인해 얼마나 우리는 그리스도 안의 풍성한 삶을 놓치고 있는고!!!

그 진리를 깨닫고 나니 나에게는 밀물 같은 믿음이 생겨나는데 곧 나는 「성결」하게 살 수 있다는 확신이었다. 하나님께로 태어난 내가 아니면 세상을 이길 자가 누구인가 라는 말씀의 확신이 나에게도 일어났다. 왜냐하면 나에게 예수님의 생명이 있음을 알아버렸기 때문이었다. 그동안 수없이 '나의 생명 되신 주' 찬송도 많이 했건만 왜 정말 그 「생명」의 진리를 진즉 몰랐을까?

그 후 그 「생명」의 진리는 여러 면에서 적용되었다.

하루는 한 여집사님이 상담을 요청하였는데 그 분은 교회 안의 다른 한 성도 때문에 마음에 시험을 자주 받고 기도의 문이 닫힌다는 것이었다. 이상하게 그 분만 보면 기도가 막히고 마음이 편치 않고 마음속에 판단이

든다는 것이었다. 그리고는 하소연하기를 "목사님, 나는 이 문제 때문에 늘 하나님께 회개하고 기도할 때마다 그 분을 이제부터 사랑하리라 결심해 보지만 잘 안됩니다. 정말 저는 이 문제를 어떻게 해결해야 할까요?" 하면서 눈물 섞인 음성으로 탄식하는 것이었다. 나는 그 여집사님에게 이렇게 말해주었다.

"집사님, 그 성도를 사랑하려고 노력이나 결심을 하지 마시고 믿음
을 구사해 보십시오!"

그랬더니 그 집사님은 이해가 안 된다는 듯, "아니, 목사님. 그런 문제를 어떻게 믿음으로 해결하나요?" 하였다.

나는 의인은 오직 믿음으로 산다는 롬 1:17의 말씀과 요일 5:12의 「생명」의 진리를 설명해 주고는 도저히 사랑이 안 되는 그 분을 사랑하려고 억지로 노력하지 말고 대신에 내 속에 사랑의 생명(예수생명의 가장 큰 본질)이 있기에 당연히 그분을 사랑할 수 있다고 믿으면 교회 안에서 그 분을 보게 될 때 놀랍게도 자연스럽게 그분에 대한 거리감이 사라질 거라고 일러 주었다.

그 후 그 여집사님은 밝은 표정으로 간증했다.

"참 이상하지요. 전에 마음을 굳게 먹고 사랑하려고 노력할 때에는 억지로 웃으며 악수도 하고 친해 보려고 했지만 돌아서면 큰 거리감과 불쾌함이 마음에 가시지 않았는데, 놀랍게도 나는 예수생명을 가진 자 임을 믿고 당연히 그분을 사랑할 수 있다고 나아갔을 때 그분을 보자마자 예전의 거리감은 사라졌으며 자연스럽게 사랑이 우러나왔어요……"

독자여, 아시겠는가? 이 시간 영의 눈을 뜨라. 우리에게 있는 육신의 생명만 보지 말고 속사람의 생명을 인식하자.

하나님은 성경을 통해 우리더러 빛이 되기 위해 노력하라고 하지 않고 바로 우리가 「세상의 빛」이라고 선포하였다(마 5:14). 그러므로 우리가 기도할 때에 "주여 오늘도 빛이 되게 해 주소서"라고 기도하는 것은 정확한 기도가 아니다. 그러지 말고 "주님 저는 세상의 빛입니다. 왜냐면 제 속에 빛 되신 주님의 생명이 있기 때문입니다. 그러므로 빛 된 내가 세상을 비추지 않으면 누가 비추겠습니까? 오늘도 복음의 빛을 환히 비추겠나이다. 주님께서 인도하소서" 이런 기도가 예리한 기도이며 능력의 기도이고 사탄의 진지를 꿰뚫고 보좌 앞에 상달되는 믿음의 기도이다.

이제 우리는 주님의 생명을 간직한 예수의 종자요, 예수의 일부분임을 늘 잊지 말고 머리되신 주님에게 더욱 순종하며 매일 매일 멋진 승리와 성결의 삶을 주님 앞에 드려보자. 아멘—

찬송 380장 나의 생명되신 주를 함께 부르자.

"나의 생명되신 주 주님 앞에 나아갑니다.
주의 흘린 보혈로 정케하사 받아주소서.
날마다 날마다 주를 찬송하겠네.
주의 사랑의 줄로 나를 굳게 잡아 매소서.
괴론 세상 지날때 나를 인도하여 주소서.
주를 믿고 나가면 나의 길을 잃지 않겠네.
세상 살아갈 때에 주를 더욱 사랑합니다.
밝고 빛난 천국에 나의 영혼 들어가겠네.
— 아멘 —

7 성결의 다음 걸음 – 「전투」

"**그**신하라 깨어라 너희 대적 마귀가 우는 사자같이 두루 다니며 삼킬자를 찾나니 너희는 믿음을 굳게 하여 저를 대적하라"(벧전 5:8-9)

이제 우리는 「믿음과 생명」의 첫 단계를 지나 성결의 다음 부분으로 넘어왔다. 여기서부터는 마귀와의 치열한 전투를 다룬다.

원수 마귀는 우리 속에 예수의 생명(새생명, 속사람, 영적생명, 내적생명, 거듭난 생명, 새로운 피조물, 모두 같은 뜻이다)이 탄생 된 후부터 우리를 불같은 적대감을 가지고 우는 사자같이 틈을 노리며 삼키려 한다. 우리는 이제 전쟁터의 한 복판에 있는 자임을 깨닫고 원수와의 전투에서 백전백승하는 불퇴전의 하늘 전사가 되어야겠다. 그 필승의 전투수칙을 몇가지 제시한다.

1. 기선을 제압하라

사탄과의 싸움에서 제일 먼저 중요한 전투수칙은 「기선을 제압」하는 것이다. 모든 싸움이 그렇거니와 기선을 제압당하면 이기기 힘들어진다.

링 위의 두 권투선수가 서로 눈싸움을 하듯 우리는 사탄과의 전투에서 맨 먼저 초전박살의 확신을 가지고 원수를 분명히 격퇴할 수 있다는 확신을 갖고 매일의 삶의 전투에 임해야 한다. 마귀는 욥의 신앙의 기선을 꺾어 버리려고 그의 가족을 치고, 재산을 치고, 건강을 쳤다. 그러나 믿음의 사람 욥은 사탄에게 기가 꺾이지 않았다. 그는 절망하고 낙심한 것 대신 대담하게 하나님을 찬양하였다.

> "주신 자도 여호와시요, 취하신 자도 여호와시니 여호와의 이름이 찬송을 받으실지니이다 하고 이 모든 일에 욥이 범죄하지 아니하고 하나님을 향하여 어리석게 원망하지 아니하니라(욥 1:22-22)" 아멘.

얼마나 놀라운 신앙의 기백인가? 그는 처음부터 사탄의 공격 앞에 기선을 제압당하지 않았기에 주께서 인내할 힘을 주셨고 마침내 원수의 시험을 완전히 극복하고 승리하였던 것이다.

그러니 형제여. 날마다의 영적 전쟁에서 마귀는 욥에게 써먹었던 방법처럼 당신을 낙담시키기에 알맞은 환경들을 조성할 때가 있을 것이다. 갑작스런 사고, 질병, 인간관계의 불화, 돈에 궁핍함, 등등……. 그러나 결코 낙심하지 말지니 사탄이 당신 영혼을 약화시키기 위한 1단계 공작임을 깨닫고 담대히 승리를 선포해야 하리라.

"사탄아, 아무리 그래도 나는 하나님이 눈동자 같이 아끼는 그의 자녀이다. 그 분이 이 모든 일도 합력하여 선이 되게 하실 것이다. 물러가라. 나는 낙담하지 않는다. 나는 내 문제를 극복하게 하실 나의 구주를 찬송하리라. 할렐루야. 주 안에 있는 나에게 딴 근심 있으랴. 십자가 밑에 나아가……"

바로 그것이다. 그것이 원수와의 전투에서 기선을 제압하는 믿음의 배짱이다. 하나님은 가나안 점령의 중대한 전투를 앞둔 지도자 여호수아에게 마음을 강하게 하고 담대히 하라고 여러 차례 반복해서 일러주셨다.

"너의 평생에 능히 당할 자 없으리니
내가 모세와 함께 있던 것 같이
너와 함께 있을 것임이라.

내가 너를 떠나지 아니하며 버리지 아니하리니
마음을 강하게 하라 담대히 하라……(수 1:5-6)

오직 너는 마음을 강하게 하고 극히 담대히 하여(수 1:7)

내가 네게 명한 것이 아니냐 마음을 강하게 하고
담대히 하라 두려워 말며 놀라지 말라
네가 어디로 가든지 네 하나님 여호와가 너와 함께
하느니라 하시니라(수 1:9)"

— 아멘 —

보라. 전쟁에서 기선을 제압하고 마음이 강하고 담대한 것이 얼마나 중요한가를 위 성경은 증거 하지 않는가? 하나님은 여호수아에게 여러 가지 복잡한 작전지시를 하신 것이 아니라 단 한 가지를 거듭 반복해서 체크하셨으니 두려워 말고 오직 마음을 강하게 하고 담대히 하여 과감하게 대적 하라는 것이었다. 이제 우리도 필승의 전투수칙을 잊지 말고 하나님의 사랑을 믿는 믿음으로 담대하게 앞으로 전진 하자. 하나님이 세상 끝날까지 함께 계심을 믿고 담대 하자. 내 속에 계신 분이 세상에 있는 악령보다 크고 강하심을 믿고 담대히 싸우자. 할렐루야! 그러면 당신은 백전백승한다.

2. 선제공격하라

마귀가 시험할 때 그 때 반격하려고만 하지 말고 오히려 적진을 향해 과감하게 선제공격을 감행하라. 여호수아 장군이 이끄는 이스라엘 군대가 여리고 성을 향하여 진격해 들어가듯이 그렇게 공격하라. 당신의 생활 속에 습관적인 죄가 있다면 그것이 바로 마귀의 요새이니 과감하게 선제공격하여 승리의 깃발을 꽂아 버리라.

예를 들어 당신이 예수님을 사랑하는 대학생인데 가끔 시험에 빠져 습관적으로 음란비디오를 즐긴다면 그런 죄가 언제 다시 나타날까 하고 수동적으로 적이 오기만을 기다리지 말고 지금 즉시 선제공격을 해 버리라는 것이다. 어떻게 하느냐고? 지도 목사님을 찾아가 고백해 버리라. 그리고 그 신앙의 지도자와 함께 그런 습관에 다시는 빠지지 않도록 해달라고 함께 기도하고 그 분에게 부탁하라.

"목사님 저를 만날 때마다 승리하고 있는지 한 번씩 물어 봐 주십시오"

바로 그런 것들이 선제공격이다. 어둠은 빛을 지독히도 싫어한다. 그런데 당신이 자신의 어두운 부분을 과감하게 빛으로 가지고 나아갈 때 어둠의 세력은 위력을 잃어버리고 그 진지를 상실하여 물러가는 것이다.

오, 얼마나 많은 죄악들이 공개적인 회개 앞에 그 위력을 상실하고 물러갈 것인고?

3. 방어망을 철저히 구축하라

"무릇 지킬만한 것보다 더욱 네 마음을 지키라
생명의 근원이 이에서 남이니라(잠 4:23)"

원수는 언제 들어왔는지 모르게 뱀처럼 소리 없이 우리의 마음에 들어와 갑작스런 생각을 떠오르게 하여 우리를 죄로 이끈다.

우리의 원수는 속도전(速度戰)의 명수다.

금방 은혜 받았어도 1분도 안되어 시험에 들 수 있다. 우리의 원수는 번개 같은 속도로 전혀 준비치 못하고 예상치 못한 순간에 공격하니 철저히 깨어있는 마음과 근신하는 마음이 필요하다.

독자는 혹시 예배 중에 죄 된 생각을 허용해 본 경험은 없는가? 아니면 기도 중에 불현듯 세상 생각이 떠오른 적은 없는가? 경건한 모임에 참가하여 봉사하는 중에 죄에 갑자기 빠진 적은 없는가? 마귀는 우리를 공격하는 일에 '때와 장소'를 가리지 않는다. 그리고 내가 지금 은혜가 충만하다고 해서 공격을 안 하는 그런 존재도 아니다. 마귀는 예수님이 40일 금식기도를 마치셨을 때 그때도 감히 공격했다. 얼마나 무섭도록 과감한 공격인가? 마귀는 되든지 안 되든지 무턱대고 공격해 본다. 감히 우리의 대장이신 구세주를 공격한 마귀가 왜 우리를 공격하지 않겠는가? 마귀는 지옥 갈려고 작정해 버린 존재이기에 그에게는 무서울 것도 거칠 것도 없다.

혹시 독자가 교회에서 큰 직분을 가진 자라고 할지라도 마귀가 무서워하지 않는다. 지금은 더구나 말세 중에 말세인지라 일곱 배나 더 악한 마귀가 최후의 항전을 벌이고 있으니 누구든 정신 바짝 차리고 근신하여 마귀를 대적하지 않으면 쿵쿵 넘어질 가능성이 많다. 목사님을 7계명으로 넘어뜨리고, 장로님을 물질로 넘어뜨리고, 집사님을 세속화로 넘어뜨린다.

정신 안 차리고 철저한 마음의 방어를 취하지 않으면 추풍낙엽처럼 퍽 퍽 나가 떨어질 수가 있으니 오, 형제여. 깨어라. 근신으로 허리를 동이라. 기도생활을 더욱 강화하고 주의 일에 더욱 열심을 내라. 그리하여 마귀의 기습공격을 초전에 격퇴하기 바란다.

4. 마귀의 약점을 간파하자

우리의 원수는 하나님 같은 전능자가 아니다. 그도 치명적인 약점을 가지고 있다. 바로 이 적군의 약점을 정확히 파악하여 적절하게 활용할 때 전쟁에서 승리할 수 있다.

무엇보다도 마귀의 약점은 **지속적이지 못하다는 것**이다. 그렇다. 이것이 원수의 치명적인 약점이다. 그러므로 마귀는 시험을 할 때 일시적으로밖에 못하지 계속적으로 시험을 할 수가 없다. 그러므로 끝까지 인내하기만 하면 반드시 마귀는 물러가게 되어 있다.

어두운 밤은 아침이 올 때에 사라진다. 마귀는 틈을 타서 일시적으로 시험할 수 있지만 성령님처럼 계속 역사하지는 못한다. 지금 그대가 어려움에 처해 있다고 해도 조금만 인내하라. 마귀는 인내하는 성도는 결코 이길 수가 없다. 조급하고 불안해하고 참지 못하는 신자를 집중 공략할 수 있지만 「인내」하는 성도는 도무지 이기지 못한다.

그리고 지금 이 책을 읽는 동안 오랫동안 침체상태에 있었다가 영이 맑아지고 기쁨과 확신이 드는 독자가 행여 있다면 바로 지금이 절호의 기회이다. 마귀가 실컷 공격하다가 지금 지쳐서 약해져 있음을 의미한다. 그러므로 지금 회개하라. 지금 무릎을 꿇고 십자가 보혈에 자신의 더러움을 적시라. 조금 있으면 다시 마귀가 공격할지 모른다. 그때는 회개를 하고 싶어도 회개도 안 되고 죽은 고기가 물에 떠내려가듯 그대도 죄악에 떠밀려 다닐 것이니 지금, 바로 지금, 조금이라도 경건을 향한 마음이 회복될 때 즉시 일어나 정상적인 신앙을 회복하라. 그것이 바로 마귀의 약점을 역이용하여 적진을 돌파하는 좋은 방법이다.

반면에 마귀와는 반대로 영원토록 우리를 떠나지 아니하시고 우리와 함께 하시며 항상 나를 돌보시는 우리의 구세주는 얼마나 마음 든든한 대장님이신가? 우리 함께 감격으로 우리 주님을 높여 드리자. 할렐루야, 아멘—

"내 손을 주께 높이 듭니다.
내 찬양받으실 주님
내 맘을 주께 활짝 엽니다.
내 찬양 받으실 주님

슬픔대신 희락을
재대신 화관을
근심대신 찬송을
찬송의 옷을 주셨네."

아멘—

8 성결의 마지막 걸음 – 「십자가」

"**형**제들아, 내가 그리스도 예수 우리 주 안에서 가진바 너희에게 대한 나의 자랑을 두고 단언하노니 나는 날마다 죽노라(고전 15:31)."

"내가 내 몸을 쳐 복종하게 함은 내가 남에게
전파한 후에 자기가 도리어 버림이 될까
두려워함이라(고전 9:27)."

"그러므로 땅에 있는 지체를 죽이라 곧 음란과
부정과 사욕과 악한 정욕과 탐심이니
탐심은 우상숭배니라(골 3:5)"

"아무든지 나를 따라 오려거든 자기를 부인하고
자기 십자가를 지고 나를 좇을 것이니라(막 8:34)."

이제 우리는 마지막 장에까지 왔다. 여기는 십자가를 지고 영문 밖 골고다를 향하는 길이다.

내 속사람은 예수 생명으로 거듭났지만 동시에 겉 사람(옛사람, 육신, 거듭나지 못한 부분)은 예수 믿기 전의 타락한 모습 그대로이기 때문에 날마다 내 안에서는 주도권 싸움이 벌어진다.

육신의 소욕은 성령을 거스리고 성령의 소욕은 육신을 거스리나니 이 둘이 서로 대적함으로 주권을 행사하려고 하고 있다.

육신은 나의 옛 주인이요, 내 속의 새 생명은 새로 입주한 새 주인인데 이 두 주인이 한 집에 있어 서로 소유권을 주장하는 치열한 싸움이 매일 매순간 내 안에서 벌어지는 것이다.

6·25 때 낙동강 전선을 사이에 두고 밀고 밀리는 치열한 전투가 벌어졌던 것처럼 내 삶의 주도권을 행사하기 위해 내 안에서 지금도 순간마다 영적싸움의 격전이 치러 지고 있다.

이 전투는 내가 이 세상을 하직하기까지 단 하루도, 아니 단 한 순간도 휴전이 없다. 이기지 않으면 지는 것이다. 이 싸움에서 우리의 전략적 무기중 하나가 '십자가' 이다. 골2:14-15을 보면, '우리를 거스리고 불리하게하는 법조문으로 쓴 증서를 지우시고 제하여 버리사 십자가에 못 박으시고 통치자들과 권세들을 무력화하여 드러내어 구경거리로 삼으시고 십자가로 그들을 이기셨느느니라' 라고 기록 되어 있다. 이미 우리 주님은 십자가로 원수와의 싸움에서 승리를 이루어 놓으신 것이다 ! 할렐루야! 주님의 승리를 찬양하자! 이제 우리는 주님이 이미 이겨 놓으신 전투에 적의 잔당 퇴치를 위해 투입되어 싸우고 있다. 마귀 권세를 향하여 성도들에게 궁극적인 승리를 가져다 준 주님의 십자가는 현재의 우리들이 맞닥트린 날마다의 전투 현장에서의 승리를 위해서도 꼭 필요한 무기이다.

악을 미워함

주님의 십자가는 우리의 죄악을 인해서 발생한 속죄의 죽음이었다. 십자가를 묵상하면 할수록 죄악을 극렬히 미워하시는 하나님의 성품이 느껴진다. 우리도 이 영적전투에서 승리하려면 죄악을 미워하는 적의(敵意)에 불타야 한다. 추호도 죄와는 타협이 있을 수 없다!

"여호와를 사랑하는 너희여,
악을 미워하라.
그가 그의 성도의 영혼을 보존하사

성결의 마지막 걸음 - 「십자가」

악인의 손에서 건지시느니라(시97:10)" 아멘.

나의 일상적인 삶에서 자꾸 넘어지는 죄가 있다면 그것을 미워한다고 하나님께 아뢰고 적진을 향하여 분명한 선전포고를 해야 한다. 그리고 바울처럼 육신을 쳐 복종시키고 싸움을 포기해서는 안된다. 승리의 그 순간까지 죄를 극렬히 미워하며 십자가에 못박는 싸움을 계속해야 하는 것이다.

주님은 누구든지 주를 따르려거든 자기 십자가를 지고 따라야 한다고 하셨다. 십자가는 못 박히는 형틀이다. 내가 진정 주님의 제자일진대 십자가를 지고 가야 할 뿐 아니라 그 십자가에 날마다 나를 못 박아야 하는 것이다.

내가 짊어진 십자가는 나의 겉 육신과 옛 자아를 못 박기 위해 마련된 형틀이다. 하루에도 수십 번 나에게 짜증과 교만과 불친절과 정욕이 꿈틀거릴 때마다 십자가에 나의 더러움을 꽝꽝 못 박아 버려야 한다. 자아를 지속적으로 깨뜨려야 한다. 자아는 양파껍질처럼 벗기고 벗기고 또 벗겨야 한다.

거기에 우리의 성결의 열매가 열리는 것이다. 우리의 원수는 공중권세 잡은 자, 마귀만 있는 것이 아니라 바로 내 자신 속에도 있다!

여기가 가장 어려운 곳이다. 골고다 언덕에서 피 흘리신 주님처럼 자신의 육신적인 소욕을 순간순간 부인하고 죄와 싸우되 피 흘리기까지 싸워야 한다.

여기에는 왕도가 없다. 특별한 비결도 없다. 바울처럼 자기 육신을 쳐서 복종시키는 매일의 「자기 깨뜨림」이 요구될 뿐이다.

십자가에 못 박히신 주님의 생명이 내 안에 있기에 나도 능히 자아를 못 박아 자신을 깨뜨리는 성결의 몸짓을 계속 할 수 있으리라.

이제 이 책을 마치려 하면서 덧붙이고 싶은 성경 말씀이 두 군데 더 있다. 그것은 롬7:20말씀과 요일5:18 말씀이다.

롬7:20은 바울의 고백으로 만일 자신이 죄를 지으면 이제는 그 죄를 짓는 자가 자기가 아니요, 자기 속에 있는 죄성(罪性)이 죄를 짓는 것이라고 진술하고 있다. 이것이 무슨 뜻인가? 만일 내가 독자의 뺨을 때렸는데 홍 성결의 마지막 걸음 – 「십자가」

분하여 왜 때리느냐고 덤벼드는 그대에게 때린 것이 내가 아니요 나의 손이라고 한다면 이 무슨 궤변인가? 그렇게 말이 안 되는 진술을 사도바울은 하고 있는 것이다. 롬7:20을 다시 읽어 보자. "만일 내가 원치 아니하는 그것을 하면 이것을 행하는 자가 내가 아니요 내 속에 거하는 죄니라."

죄를 지어놓고 하는 말이 죄를 지은 것은 자기가 아니요, 죄가 죄를 지었다라고 분명하게 말하고 있다. 이 진리가 얼마나 중요했던지 바울은 동일한 롬7장에서 17절에 똑같은 진술을 다시 한번 반복했었다. 나는 롬7장의 그 구절을 이해하기 전까지는 도대체 왜 바울이 그런 아리송한 말을 두 번이나 반복하는지 알 수가 없었다. 어느날 성령의 감화로 그 말씀이 이해가 되었을 때 나는 영적 전투에 큰 교두보를 구축할수 있었다.

독자여! 그대도 죄와 자신을 **분리** 시킬줄 알아야 한다! 그래야 싸움이 된다. 전투에서는 적대감이 중요하다. 적을 미워하고 전의에 불타야 하는 것이다. 만일 인터넷 포르노에 중독되어 습관적으로 음란의 죄에 빠지는 믿음의 형제가 있다면, 그가 기도할 때 솔직한 기도라하여, '하나님, 나는 음란한 자입니다' 하면 안 된다. 그래서는 맨날 그 죄를 벗어나기 힘들다. 반대로 음란과 자신을 **분리**시키고 자신은 음란한 자가 아니라 하나님을 사랑하는 하늘의 자녀임을 천명해야 한다. 단지 썩어가는 이 육신이 하늘의 시민인 나를 넘어뜨리려고 음란으로 유혹하는데 나는 죽도록 그 죄를 **싫어하고 미워한다고** 선포해야 한다. 그리고는 '더러운 음란 마귀야! 예수 이름으로 명하노니 나의 삶속에서 물러갈지어다!' 라고 담대히 기도해야 하는 것이다. 그렇다. 이와같은 진리를 나의 신앙의 삶에 적용하는 것이 매우 중요하다. 그래야 계속되는 영적 전투에서 중요한 요새를 차지하고 싸울 수 있게 되며 승리의 횟수가 늘어 가는 것이다.

또 언급하고 싶은 마지막 성경구절은 요일5:18이다. 거기에는 이런 놀라운 말씀이 적혀 있다. **"하나님께로서 난 자마다 범죄치 아니 하나니…"** 와, 이것은 무슨 말씀인가? 하나님께로서 난 우리 믿는 사람들은 범죄치 아니하다니? 그러면 예수 믿고 난 후에 죄를 지은 경험이 있는 신자들은 다 가짜란 말인가? 계21:8에는 지옥 갈 죄목 여덟 가지를 나열하면서 그런 죄를 짓는 자들은 불과 유황으로 타는 못에 참예하리니 이것이 둘째 사망이라 했다. 고전6:9-10에는 '각양 죄를 짓는 자들과 음란한 자들은 하나님의 나라를 유업으로 받지 못한다' 라고 분명하게 선언하고 있다. 이 책을 처음부터 자세히 읽어온 독자들은 방금 열거한 성경 구절들을 보게 될 때 마음에 구원의 확신이 흔들릴 수도 있을 것이다.

그러나 요일5:18의 '범죄치 아니하나니' 하는 헬라어 동사는 우크 하마

르타네이 라는 말로써 이는 계속 반복되는 죄, 현재에도 계속되는 동작으로서의 죄를 말하는 것이다. 계21:18이나 고전6:9-10도 같은 맥락으로 이해해야 한다. 자고이래로 거듭난 생명을 지닌 하나님의 자녀치고 죄를 현재적으로 계속 즐기고 사는 신자들은 아무도 없다. 그렇다. 그건 명백한 사실이다! 거듭난 하늘 시민들은 자기 생활 속에 죄가 들어 왔을 때 눈 속에 먼지가 든 것처럼 불편해하며 그 죄를 회개하고 토설하기까지는 평안이 없는 자들인 것이다. 죄에 대한 회개가 없이 죄를 즐기며 죄를 먹고 마시는 자들은 결코 주님의 백성들이 아니다. 아멘.

이제 이 책을 읽은 독자들에게 성결의 진보가 있기를 주님의 이름으로 축원한다.

승리의 간증들을 멜을 통해서 기다리겠다.
2009. 6. 30.
저자 **노록수**